악과 고통 속에 있는 당신에게

악과 고통을 다스리시는 하나님의 위로

악과 고통 속에 있는 당신에게

© 생명의말씀사 2022

2022년 1월 20일 1판 1쇄 발행

펴낸이 | 김재권
펴낸곳 | 생명의말씀사

등록 | 1962. 1. 10. No.300-1962-1
주소 | 서울시 종로구 경희궁1길 6 (03176)
전화 | 02)738-6555(본사) · 02)3159-7979(영업)
팩스 | 02)739-3824(본사) · 080-022-8585(영업)

지은이 | 박순용

기획편집 | 서정희, 김유미, 장주연
디자인 | 박소정
인쇄 | 영진문원
제본 | 보경문화사

ISBN 978-89-04-16787-6 (03230)

저작권자의 허락없이 이 책의 일부 또는 전체를
무단 복제, 전재, 발췌하면 저작권법에 의해 처벌을 받습니다.

악과
고통 속에
있는
당신에게

추천사

김영호 교수 (합동신학대학원대학교 신약신학)

이상웅 교수 (총신대학교신학대학원 조직신학)

강성대 목사 (함양민들레교회)

김영제 목사 (하늘기쁨교회)

김영채 목사 (높은뜻교회)

김훈 목사 (참사랑교회)

이성규 목사 (광명믿음교회)

정종남 목사 (하늘가족교회)

황재찬 목사 (버밍엄한인교회)

악과 고통의 문제는 우리의 문제

악과 고통의 문제는 우리 자신의 문제입니다. 우리 삶에 가까이 있는 문제입니다. 그러나 인간은 악을 외면하려고 하고 고통을 멀리하려고 합니다. 자신의 실수나 잘못으로 찾아오는 고통이라도 받아들이기 어려워합니다. 자신과 아무런 관련이 없어 보일 때는 더더욱 그렇습니다. 만일 하나님이 없다면, 이 땅은 옛사람들의 생각처럼 "절망의 식민지"일지 모릅니다. 그러면 악과 고통의 문제에서 성경과 하나님을 고려할 때, 달라지는 점이 있을까요? 이 책은 이 질문에 진지하게 대답하려고 노력합니다.

이 책은 창세기와 욥기, 로마서, 히브리서, 요한계시록에서 출발하여 개인의 고통과 우주적 탄식에 이르기까지 악의 문제를 다룹니다. 독자들은 이 책을 읽으면서 그토록 바라던 아들을 낳다가 출산하는 날 죽음을 맞이해야 했던 라헬의 슬픔, 아무리 자기 점검을 해도 죄를 찾지 못하고 질병과 억울함과 하늘의 침묵 속에 있는 욥의 답답함, 타락한 후 저주 아래 놓이게 된 아담의 비참함을 생생하게 느끼고 그들의 경험 속으로 들어가게 될 것입니다. 쉬운 대답은 찾지 못할지 모릅니다. 그러나 근본적인 고민의 방향을 발견할 수 있을 것입니다.

'고통은 자체가 선이 아니고 목적이 있다. 무엇보다 하나님의 하나님 되심을 진정으로 아는 것이다. 사람은 그리스도 안에서 구원받고 난

후에도 세상 중독에서 쉬이 헤어날 수 없으므로 하나님이 잠시 건강과 안전과 행복 대신 질병과 불안과 고통을 허락하셔서, 사람의 몸과 영혼을 하나님께 향하게 하고 그분과의 교제로 초대할 수 있다. 그러므로 아무리 작은 고통이라도 하나님 앞에 가지고 나아가야 한다.'

무엇보다 이 책은 사람이 겪는 고통의 의미를 종말론적인 관점에서 설명합니다. 신자는 이미 시작된 하나님 나라에서 궁극적으로 완성될 그 나라를 바라보며 사는 독특한 존재입니다. 따라서 외적으로는 신자가 아닌 사람들과 같은 고난을 겪지만, 오는 세계의 승리와 능력을 누리고 삽니다. 왜냐하면, 부활하신 주님이 친히 우리가 겪는 악과 고통을 경험하셨고, 오는 세계의 실재이신 성령님이 함께하시기 때문입니다.

이 책을 통해 독자들은 나와 우리, 신자와 교회, 세상과 우주의 신음과 탄식에 하나님이 깊이 공감하시고 해결책을 찾으셨다는 성경의 목소리를 듣게 될 것입니다. 그리고 높은 곳에 계신 분이 지금도 친히 낮은 곳으로 다가오시는 모습을 보게 될 것입니다.

김영호 교수 (합동신학대학원대학교 신약신학)

성경을 붙들고 씨름하도록 안내해 주는 책

우리는 코로나19라는 팬데믹을 통해 2년간 불안하고 갑갑한 시간을 보내왔습니다. 21세기를 살고 있는 우리가 이만큼 세계적인 재난을 경험하기는 처음인지라 당혹감은 더욱 클 수밖에 없습니다. 도대체 이런 악(evil)은 어디에서 오는 것이며, 왜 오는 것일까요?
철학적이며 신학적인 질문에 대하여 수많은 답변이 제시되어 왔습니다. 그러나 바빙크가 '존재의 질문 다음으로 인간 지성을 가장 당혹하게 하는 것이 악의 문제'라고 말했듯이 그 많은 해설이 충분히 우리 마음을 만족시켜 주지는 못하는 것 같습니다. 우리가 함께 겪고 있는 팬데믹뿐 아니라, 우리 각자가 겪고 있는 다양한 종류의 고통의 문제를 합리적이고 과학적으로 설명하기 어렵기 때문입니다. 많은 사람이 이신론적이나 불가지론적으로 설명하며 답을 제시하고 있지만, 우리 그리스도인들은 성경으로 돌아갈 수밖에 없습니다.
여러분의 손에 들려진 『악과 고통 속에 있는 당신에게』는 우리가 겪고 있는 악과 고통의 문제에 대해 성경을 붙들고 씨름하도록 잘 안내해 주고 있습니다. 이 책은 성경적이고 청교도적인 관점에서 철저하게 악과 고통의 문제와 씨름하고 있습니다. 실재하는 악과 고통의 문제를 정면으로 직시하게 해 주고, 앞서 이런 난제와 고투했던 성경의 인물들과 대면하도록 도와줍니다. 악과 고통 속에서도 우리를 사랑하시고 돌보시는 하나님과 그러한 악과 고통을 통해서도 선을 이루어 내시는 하나님에 대한 굳건한 신앙을 가지도록 우리를 독려해 주고, 하나님이 우리를 위해 준비하신 최종적인 답변인 새 하늘과 새 땅을 간절히 소망하도록 안내해 줍니다.

악과 고통과 직면하면서 하나님이 주시는 답을 얻고자 분투했던 욥과 같이 오늘도 고뇌하고 부르짖고 있는 성도들에게 본서를 찬찬히 읽고 음미해 볼 것을 권면합니다. 기도하면서 이 책을 읽으신다면, 솜사탕 같은 위로가 아니라 우리 내면에 깊이 스며드는 말씀의 역사를 경험하게 될 것입니다.

이상웅 교수 (총신대학교신학대학원 조직신학)

맑은 생수처럼 영혼의 갈증을 해갈시켜 줄 것

저자이신 박순용 목사님은 종교개혁자들과 청교도들이 전해준 성경적 가르침으로 참된 교회를 세워가는 사역에 헌신해 오셨습니다. 주님이 말씀하신 대로 세상에는 많은 거짓 선지자들이 성도들을 미혹하고 있습니다. 그뿐만 아니라 건전해 보이는 교회 안에서조차도 성경과는 거리가 먼 신비적 은사주의나 심리학적인 자아 달래기가 성행하는 우리 시대에 교회를 섬기는 목사로서 박순용 목사님의 본서를 적극적으로 추천합니다.

특히 본서는 오늘날 팬데믹 상황에서 고통당하며, 하나님의 뜻을 구하고 찾는 성도들에게 맑은 생수처럼 영혼의 갈증을 해갈시켜 줄 것입니다. 또한, 말씀을 받고 세상으로 파송을 받는 성도들이 이리 가운데 보냄을 받은 것처럼 불의한 악에 맞서게 되거나 원치 않는 고통을 직면하게 될 때, 모든 악과 고통을 능히 이기도록 하는 은혜의 길잡이가 되어줄 것입니다.

강성대 목사 (함양민들레교회)

'이긴 고통'을 주시는 하나님께 인도

저자는 말씀 전하는 자리에서 이런 말을 한 적이 있습니다. '우리는 자기 외부의 악에 대해서는 민감하게 여기고 그 고통을 신속히 피하거나 극복하기를 바라지만, 우리 내부의 악에 대해서는 무관심하다. 그러나 하나님은 죄인인 우리 내부의 악을 더 심각하게 여기신다.' 그렇습니다. 우리는 자신을 걱정으로 몰아넣고 고통으로 몸서리치게 하는 사고나 질병 같은 외부에서 온 어떤 악보다, 하나님을 진노케 하고 그분과의 관계를 깨뜨리는 우리 내면의 악에 더 놀라야 합니다.

이 세상 어떤 악보다 하나님의 피조물인 사람이 자기를 지으신 이에게 무관심하고, 대항하고, 영광을 돌리지 않는 것이 최고의 악임에도 불구하고, 사람들은 이 악을 대수롭지 않게 여깁니다. 하나님 입장에서의 이 악을 우리가 가볍게 여긴다면, 아무리 기독교적인 악 이해와 위로를 추구해도 진통제 수준을 넘어설 수 없습니다. 나아가 더 비참한 것을 피할 수 없습니다. 현세의 악과 고통이 아무리 비참해도 시간 속에서 사라지고 잊히지만, 하나님을 향하여 악을 품은 죄인들의 고통은 항상 현재가 될 것이기 때문입니다.

그래서 저자는 본서에서 악과 고통에 복음적으로 접근하고, 구원과 완성될 하나님 나라의 시각 속에서 그것을 이해하도록 우리를 이끌어 갑니다. 우리가 고통 때문에 불만을 품고 자신의 삶에서 하나님을 배제하는 것이 아니라 고통을 통해 자기와 교통하기를 원하시는 하나님께 나아가야 한다고 권유합니다. 이 책은 우리가 고통 때문에 하나님의 선하심과 능력을 의심하기 쉬울 때 하나님을 신뢰하게 합니다. 저자는 악에 삼켜질 것 같은 두려움 속에서도 악을 통제하시는 하나님, 말씀 계시 안에서 약속하신 것들을 분명히 이루시는 하나님, 악을 선으로 바꾸시는 지혜와 능력의 하나님, 아들 예수 그리스도를 통해 고난을 몸소 겪으셔서 진정한 공감으로 위로를 주시는 하나님, 십자가로 악의 원인인 죄를 정복하시고 '이긴 고통'을 주시는 하나님을 바라보게 합니다.

그리고 우리에게 악과 고통이 없는 하나님 나라를 바라보며 그리스도와 함께 남은 고난을 감당하자고 격려합니다. 악과 고통의 문제를 다루는 책들은 많지만, 악을 하나님과 우리 사이에서 분리하거나 교회의 평화적 상상으로 악을 해결하려는 주장이 흔한 이 시대 속에서 이 책은 죄인을 얻으시려고 악을 다루시는 하나님이 선하신 분임을 신뢰하도록 돕습니다.

김영제 목사 (하늘기쁨교회)

악과 고통으로 인해
괴로워하는 분들에게

이 책을 받아 든 날…, 책을 내려놓지 못하고 단숨에 끝까지 읽어 내려갔습니다. 한 장, 한 장 넘길 때마다 악과 고통에 대한 명쾌한 성경적 통찰력에 전적으로 빨려 들어갔습니다.

이 책은 지성의 이해를 뛰어넘어 저의 심령을 울렸고, 결국 고통을 통해 드러나는 선하신 하나님을 바라보게 했습니다. 이 책이 오랫동안 지속되어 왔던 '악과 고통을 어떻게 바라봐야 하며, 그것을 어떻게 해석해야 하는가?'라는 질문에 매우 명확한 성경적 대답을 하고 있다고 확신합니다. 또한, 고통에 대한 하나님의 진리를 냉혈하게 전하지 않고, 성도들의 깊은 고통을 동감하며 써 내려간 위로의 편지요, 신학적인 진술을 넘어 우리의 삶을 관통하며 전하는 설교라고 확신합니다.

그러하기에 악과 고통으로 인해 '하나님, 왜요?'라는 질문 속에서 괴로워하는 분들에게 결정적인 해답을 줄 것이며, 고통의 안개 속에서 자신이 어디를 향해야 하는지에 대한 분명한 나침반이 되어줄 것입니다. 그뿐만 아니라 고통으로 낙망하고 있는 분들에게 위로와 용기를 주어 고통의 진흙으로 힘겨워했던 은혜의 날갯짓을 다시 할 수 있는 힘을 줄 것이라 확신합니다. 이 책을 집어 드십시오. 그리고 쏟아지는 위로와 은혜의 샘물을 들이켜시길 바랍니다.

김영채 목사 (높은뜻교회)

인간에 대한 깊은 애정에서 우러나오는
목회자의 위로

하나님이 창조하시고 다스리시는 이 세계에 만연한 악과 고통의 문제는 많은 그리스도인에게 쉽게 결론 내릴 수 없는 질문을 하게 합니다. 악과 고통에 이유가 있는지, 그것에 목적은 있는지 등 슬픔과 고통을 마주하는 우리의 삶은 언제나 이런 질문에 적절한 답을 얻고 싶어 합니다. 심지어 기독교인이 아닌 사람도 기독교 목사를 만나 왜 세상의 악이 사라지지 않는지 물어보는 것을 보면 이 문제가 우리에게 원초적임을 말해줍니다. 그러므로 악과 고통에 대해 기독교인으로서 성경적인 이해와 답을 가지는 것은 꼭 필요합니다.

저자는 악과 고통을 다루면서 쉽고 단편적인 답을 제시하지 않습니다. 오히려 이 세상의 고통 속에서 살아가는 인간에 대한 깊은 애정에서 우러나오는 목회자의 위로이자 도전을 제시합니다. 이 책은 삶의 고통 속에서 자칫 방향을 잃어버린 독자들의 마음을 붙잡아줄 것입니다. 저자가 악과 고통을 다루면서, 하나님에 대해서 목소리를 높이고 있기 때문입니다. 이 땅을 살아가는 어느 누구도 악과 고통의 현실에서 벗어나 있지 않으므로 이 책이 주는 유익은 큽니다. 성도들에게 이 책을 꼭 읽도록 권하고 싶습니다.

김훈 목사 (참사랑교회)

현실의 압력을 이기고
믿음의 승리를 경험하길

고통스러운 삶의 현실 속에서 괴로워하는 성도가 많습니다. 고통 없는 삶은 없지만, 다른 사람보다 더 나쁜 상황 가운데 있을 때, 목회자가 말로써 위로하거나 공감하는 것에는 한계가 있습니다. 그러나 성도가 고통에 대한 성경의 가르침을 알고 그 가르침 속에서 자신의 삶을 바로 이해하게 된다면, 능히 고통 속에서도 일어설 힘을 얻을 수 있습니다.

이 책은 우리의 이성으로 해석하기 어려운 인생의 고난과 악의 실재로 인해 당하는 고통을 성경적인 시각으로 바라볼 수 있도록 도와주고 있습니다. 하나님은 욥이 보지 못할 때도 여전히 욥의 울타리가 되어 주셨고, 사탄의 한계를 정하여 그 생명을 건드리지 못하게 하셨습니다. 이 사실은 고통당하는 자들에게 인자하시고 자비로우신 하나님을 새롭게 발견할 수 있도록 도와줍니다. 삶의 모든 혼돈과 고통을 다스리시고 주관하시는 하나님에 대한 눈이 열릴 때 성도는 그중에서도 평안을 누릴 수 있습니다.

또한 이 책은 우리를 그리스도께 인도해 줍니다. 인생 중에 당하는 모든 고난은 자신만의 고통이 아닙니다. 우리 주님이신 그리스도 예수께서도 우리를 위하여 십자가의 고통을 경험하였습니다. 그 고난은 우리를 위한 것이었습니다. 성도가 그리스도의 십자가의 고난을 이해하고 그리스도를 믿음으로 고난을 이길 수 있다는 사실을 발견하는 것은 진정한 믿음의 승리를 누리는 길입니다.

주님은 자기를 믿는 자들을 고통에서 건져 주십니다. 이 책은 우리에게 이 땅에서 고통 없는 삶의 비결을 알려주는 것이 아니라, 예수 그리스도를 믿음으로 현실의 압력을 이기고 장차 올 새 하늘과 새 땅을 바라볼 수 있도록 도와줍니다.

이 땅에서 성도가 당하는 고난은 단지 불행한 삶의 기록이 아니라 더 나은 미래를 바라보게 하고 그리스도를 믿는 믿음을 발휘하여 승리하도록 이끄는 하나님의 도구입니다. 현실의 고통 속에서 몸부림치는 성도들이 이 말씀의 가르침을 통하여 믿음의 승리를 경험하기를 기대합니다.

이성규 목사 (광명믿음교회)

'악과 고통'에서
'영원한 영광의 나라'로

우리에게 매우 익숙하지만, 그만큼이나 다루기 쉽지 않은 '악과 고통'의 문제를 다각적이고 면밀하게 검토하여, 이 책에 소중한 위로와 용기를 담아냈습니다. 특히 충실하게 증거된 각 장의 개별적인 내용이 통일성 있게 연결되어, 전체적인 교훈으로 우리 마음에 적지 않은 울림을 줍니다.

우선, 저자는 '악과 고통'의 문제를 무시하거나 회피하지 않는 '기독교적 태도'를 설명하고, 쓰라린 절망 가운데 '어찌하여'라고 부르짖는 '성도들의 탄식'을 깊이 들여다봅니다. 그리고 그 어떤 형편에서도 신자들이 지켜야 할 '하나님과의 바른 관계'와 대다수 사람이 거의 인식하지 못하는 '고통이 가져오는 진정한 문제'를 드러낸 후, '어려움 가운데서도 이루어지는 성도의 영광스러운 믿음의 열매'를 소망하게 하며, 종국에는 '모든 악과 고통을 이기신 그리스도'와 '우리 구주와 함께 세상을 이긴 자들이 상속하게 될 새 하늘과 새 땅의 소망'까지 독자들을 인도해 나갑니다.

저는 이 책을 통해, '악과 고통'에서 시작된 신자의 순례길이 '영원한 영광의 나라'로 이어진 것을 발견하고 얼마나 기뻤는지 모릅니다. 그리고 이 기쁨과 감사함이 여전히 '고통이 있는 세상에서 살아가는 하나님의 백성들에게 능력'이 될 것이라 믿습니다.

만일 여러분이 욥과 같이 '도대체, 왜, 어찌하여 내가 지금 이러한 형편에 처했는지'를 묻고 있다면, 이 책은 즉각적으로 따뜻하고 유용한 도움을 줄 것입니다. 혹, 현재 자신의 상황이 '악과 고통의 문제'와 도무지 아무 연관이 없다고 생각될지라도 이 책을 소장하여 책의 제목이 눈에 잘 띄게 보관해 두시기를 바랍니다. 누구든 결국 갈급한 마음으로 이 책을 펼치게 되는 날이 있을 것이며, 이로 말미암아 그전까지 알지 못했던 큰 은혜의 샘을 맛볼 수 있게 될 것이라 믿기 때문입니다.

정종남 목사 (하늘가족교회)

소망 중에 인내하며
찬송할 수 있게 되기를

우리는 모두 이 땅에서의 삶이 유한한 것을 압니다. 우리의 호흡과 육체의 건강은 영원하지 않습니다. 우리가 소유한 물질, 맺고 있는 관계, 사회적인 지위와 명예 모두 마찬가지입니다. 대다수 사람은 그런 것들이 영원하리라 기대하지 않습니다. 특히 신자들은 더더욱 그렇습니다. 우리는 하나님만 영원하시며, 그분만이 우리의 영구한 기업이심을 믿습니다.

그러나 이 땅 위에 휘몰아치는 악과 고통이 우리의 삶의 자리를 쓸고 지나갈 때 우리의 모든 지식과 믿음은 침묵 속에 파묻힙니다. 이 세상의 악과 고통이 허물어뜨리는 것은 우리의 유한한 것들만이 아닙니다. 큰 고통은 선하고 영원하신 하나님에 대한 우리의 믿음마저 뒤흔듭니다. 우리의 참된 믿음은 욥처럼 "어찌하여!"하고 크게 부르짖습니다. 고통에 빠질 때 우리는 마치 영원에서 끊어진 자처럼 탄식하며 신음합니다.

이 책은 우리의 이러한 고통의 실체를 감추거나 축소하거나 미화하지 않습니다. 이 책은 일단 위로부터 건네려고 하는 이 세대의 값싼 치유를 거절합니다. 이 책은 성경을 따라 우리에게 있는 고통의 실체를 보게 합니다. 악(惡)의 가공할 실체 앞에서 놀라게 하고 떨게 합니다.

그러나 동시에 이 책은 우리가 놀라 떨고 있을 그때에도 우리를 아시고 우리를 위하시는 우리 하나님의 크심을 말해줍니다. 특히 이 책은 우리가 흔히 말하는 '하나님의 주권', '하나님의 은혜', '하나님의 구속하심'의 실체를 다시 보게 합니다. 우리가 경험하는 고통만큼이나 실제적이어서, 우리를 더욱 놀라게 하고 떨게 하는 '우리 하나님의 주권과 은혜와 구속' 앞에 서게 합니다.

모쪼록 이 책을 읽으며 길고 깊은 아픔의 시간을 지나는 많은 하나님의 백성이 하나님의 크심으로 인하여 놀라 떨며 주의 이름을 부를 수 있기를 바랍니다. 또한, 하나님께 속한 놀라운 진리 안에서 우리를 상하게 하고 탄식하게 하는 현재 일들을 이해하고, 소망 중에 인내하며 찬송할 수 있게 되기를 고대합니다.

황재찬 목사 (버밍엄한인교회)

추천사 | 4
프롤로그 악과 고통 속에 있는 당신에게 | 22

01 현실_ 악과 고통이 있는 세상 | 27

죽음, 슬픔, 탄식이 있는 세상의 현실 | 모든 것을 집착 탓이라 말하는 종교 | 고통의 현실 가운데 있는 우리를 향한 복음의 대답 | 같은 현실 속, 성도의 다른 길

02 탄식_ 고통 속의 교통 | 40

고통과 혼란 속 우리의 믿음 | 깊은 뿌리마저 흔드는 악과 고통 | 험한 현실 속 우리에게 필요한 확신 | 나의 고통일 수 있는 세상의 고통 앞에서 | 침묵보다 나은 길 | 성경이 신자에게 일러 주는 비밀 | 하나님은 사람인 우리를 위하신다

03 의문_ 하나님은 어디에 계시는가? | 70

분명한 악의 본질 | 불분명한 고통의 인과관계 | 우리가 고통 속에 있을 때 하나님은 어디에 계시는가 | 고통, 의문, 혼란, 좌절… | 침묵하시는 하나님을 향한 욥의 항변과 그의 신실함 | 시험의 본질 | 시험을 이기는 신자의 신앙

04 사랑_ 하나님의 지혜와 돌보심 | 92

마침내 말씀하시는 하나님 | 욥의 질문과는 다른 하나님의 대답 | 모든 악에 대한 하나님의 주권 | 우리가 알지 못하는 고통의 의미 | 지금도 침묵하지 않으시는 하나님 | 우리에게 알려진 것을 붙드는 싸움

05 위장_ 비극의 얼굴로 다가오는 복 | 118

고난이 주는 유익 | 하나님이 이루시는 '하나님의 선' | 비극으로 위장된 복 | 하나님과의 교제 속에 있는 행복을 위해 | 진실한 믿음을 위해 | 고통을 아는 자들을 통한 위로 | 우리가 소망하는 미래

06 승리_ 이미 이긴 고통 | 142

악과 고통에 치른 가장 값비싼 대가 | 그리스도의 십자가와 우리의 고통 | 우리의 고통을 아시는 하나님의 위로 | 고통 중에서 그리스도의 십자가를 보라 | 우리의 '이긴 고통' | 넉넉하고 영광스러운 승리

07 소망_ 새 하늘과 새 땅 | 166

더 나은 결론에 대한 소망 | 오직 성경이 말해 주는 소망의 실체 | 새 하늘과 새 땅에 없는 것들 | 힘써 싸워 이기는 자를 위한 소망

08 인내_ 악과 고통도 끊을 수 없는 하나님의 사랑 | 182

우리의 독특한 현재 | 타락한 세상에서 그리스도와 함께 고난받는 우리 | 악과 고통이 있는 세상에서 성령을 소유한 자로 산다는 것 | '이미'와 '아직 아니' 사이에 있는 기다림 | 어떤 악과 고통도 우리의 기다림을 끊을 수 없는 이유

주 | 205

프롤로그

악과 고통 속에 있는 당신에게

실재하는 고통, 실재하시는 하나님

청교도들의 글에 담긴 성경에 대한 그들의 깊은 이해를 살피다 보면 놀라움을 느끼게 됩니다. 그들이 가진 지식의 크기 때문이 아닙니다. 우리를 놀라게 하는 것은 그들이 알았던 하나님의 크심입니다. 그들이 성경을 통해 보여 주는 하나님의 위대하심 앞에서 우리는 우리가 얼마나 하나님을 모르고 있었는지 탄식하게 됩니다.

오늘날 교회의 가장 큰 비극 중 하나는 하나님을 아는 지식을 잃어버린 것입니다. 오늘날 우리의 하나님은 너무 작습니다. 아니, 그분은 작지 아니하시지만, 우리가 그분을 작게 여깁니다. 우리는 현실의 고통에는 쉬 압도되지만, 우리의 현실을 주관하시는 하나님께는 그렇지 않습니다.

분명 우리의 현실에는 고통이 있습니다. 그리고 그 고통은 작지 않습니다. 지금은 코로나19로 인해 온 세상이 신음하고 있지만, 그 이 전에도 이 세상은 고통으로 신음하고 있었습니다. 우리는 이 세상 고통의 일부가 우리 삶을 덮칠 때 그것이 얼마나 큰지 실감하게 됩니다. 맞습니다. 고통은 큽니다. 하나님의 백성은 이 세상에 가득한 고통의 크기를 무시하지 않습니다. 성경은 큰 고통으로 인한 인생의 울부짖는 소리를 우리에게 적나라하게 전해 줍니다.

그러나 성경은 그토록 거대한 고통과 그 뿌리에 있는 악의 심연을 붙드시는 하나님을 계시합니다. 그리고 우리에게 "그 하나님을 알라"고 말합니다.

하나님을 아는 것은 생기 없는 지식일 수 없습니다. 그것은 유행이 지난 학문의 영역이 아닙니다. 성경이 우리에게 계시하는 하나님은 고통으로 신음하는 인생들을 아시며, 고통의 근원인 죄악을 이기시고, 궁극적으로 우리를 구원하시는 분입니다. 그러하신 하나님을 아는 지식과 진리에는 힘과 감동이 있습니다.

자기 백성을 아시는 우리 하나님이
고난 중에 있는 자기 백성에게 알려지시기를

    이 책은 그 크신 하나님을 더 알기 원하고, 또 그 하나님이 널리 알려지시기를 바라는 갈망으로 썼습니다. 필자는 이 책에 세상에서 악과 고통을 잘 견디기 위한 매뉴얼을 나열하려 하지 않았습니다.

    하나님의 백성도 이 땅의 삶의 현장에서 악과 고통을 경험할 때 그 크기에 압도되고, 당황하며, 혼란과 불안에 빠집니다. 절망한 나머지 불신에 넘어지기도 합니다. 악과 고통의 가장 비극적인 결론은 하나님에게서 멀어지고 더 이상 하나님을 보지 못하는 것입니다.

    하나님은 악과 고통 가운데 신음하는 하나님의 백성을 아십니다. 하나님은 우리를 아시고, 우리가 당하는 고통을 아시며, 그것을 상관하십니다. 그리고 우리를 위해 자신을 계시하십니다. 우리를 둘러싼 악과 고통까지 다스리시고, 거기서 우리를 구원하시며, 구원의 완성까지 이끄시는 자신의 크심을 계시하십니다.

비록 지면의 한계가 있지만, 이 책을 통해 고통 가운데 있는 우리를 위해 계시된 하나님의 말씀을 가능한 생생하게 전하고자 했습니다. 더불어 이 책은 성도들에게 닥치는 악과 고통의 사례들과 그 가운데 씨름하는 그들의 마음과 생각을 엿보게 해주는 다른 여러 책의 내용에 빚을 지고 있습니다. 인용한 내용은 가능한 참조했던 내용을 찾아 각주로 표기했습니다.

모쪼록 이 작은 책이 지금도 주 안에서 악과 고통의 문제로 고민하며 힘들어하고 있는 성도들에게 우리 크신 하나님의 도우심과 위로의 도구가 되기를 구합니다.

박순용 목사

"그가 죽게 되어 그의 혼이 떠나려 할 때에 아들의 이름을 베노니라 불렀으나 그의 아버지는 그를 베냐민이라 불렀더라"(창 35:18).

01

현실
악과 고통이 있는 세상

죽음, 슬픔, 탄식이 있는 세상의 현실

야곱은 오랜 세월 방황한 끝에, 오래전 하나님 앞에 서원했던 벧엘로 다시 돌아왔습니다. 그리고 지금까지 신실하게 인도해 주신 하나님을 위해 그곳에 단을 쌓았습니다.

그러나 야곱은 얼마 지나지 않아 다시 가슴이 찢어지는 듯한 비극적인 경험을 합니다. 사랑하는 아내 라헬이 난산 끝에 아들을 낳고 죽은 것입니다. 창세기 30장 1절에서 라헬은 오랫동안 자녀를 출산하지 못하는 처지를 비관하며 야곱에게 "내게 자식을 낳게 하라 그렇지 아니하면 내가 죽겠노라"라고 말했습니다.

그 정도로 라헬은 출산을 필사적으로 원했습니다. 그러나 라헬과 야곱은 간절히 바라던 출산의 순간조차 기뻐할 수 없었습니다. 새 생명이 탄생하던 그때, 아기를 잉태하던 라헬의 생명이 죽음으로 스러져 갔기 때문입니다.

이에 라헬은 아기의 이름을 '베노니'라고 불렀습니다. '베노니'는 '슬픔의 아들'이라는 뜻입니다. 이 이름은 우리가 세상에서 겪는 악의 실상을 잘 표현해 줍니다. 악은 우리에게 슬픔과 고통, 그리고 죽음을 가져다줍니다. 라헬이 말한 '슬픔'이라는 히브리어의 어근은 고통, 슬픔, 우상 숭배, 사악함, 불의, 허무 등을 표현할 때 사용됩니다. 특히 기본적으로 고통과 허무의 의미를 갖습니다. 라헬은 죽음 앞에서 고통이 있는 세상, 슬픔이 있는 세상, 죽어야 하는 세상을 아기의 이름으로 표현한 것입니다.

라헬이 죽으면서 내뱉은 말처럼 이 세상에는 온갖 고통과 사악함, 불의, 허무가 가득하며, 특히 죽음으로 인한 슬픔이 드리워져 있습니다. 이성을 가진 인간을 비롯하여 이 세상에 존재하는 모든 짐승, 심지어 식물들까지도 악과 고통을 경험합니다. 라헬을 탄식하게 한 고통과 슬픔은 우리 가까이에도 있습니다.

물론 사람들은 이 세상에서 경험하는 악과 고통을 싫어합니다. 심지어 그로부터 벗어나고자 스스로 목숨을 끊는 극단적인 선택을 하기도 합니다. 그러나 사람들이 그토록 끔찍하게 싫어하는 악과 고통은 이 땅에서 결코 사라지지 않을 것입니다.

세상에서는 매일같이 악한 소식들이 넘쳐납니다. 뉴스에서 살인과 성폭행, 따돌림, 갖은 학대와 불안 등으로 절망에 빠져 자살하는 사람들의 이야기가 하루도 끊이지 않고 보도되고 있습니다. 더욱이 근래에 인터넷을 통해 음란물이 널리 보급되면서 성범죄가 급증하고, 그

방식 또한 나날이 악랄해져 가는 것을 볼 수 있습니다.

이런 세상의 악함과 그로 인해 받는 고통은 어른들에게만 아니라 어린 학생들의 삶에도 있습니다. 아이들 사이에서 일어난 성폭행과 살인 사건에 대한 소식들이 더 이상 낯설지 않게 되었고, 그 외에 폭력과 절도 등의 비행 역시 셀 수 없이 많이 일어나고 있습니다.

또 세상에는 가시화되지 않은 악도 아주 많습니다. 각 가정과 개인의 삶 속에는 수많은 질병과 재난, 다툼, 갈등, 미움, 폭력, 버림받음 등 다양한 상처가 있습니다. 많은 사람이 이런 악과 고통이 있는 현실에 짓눌려 살아갑니다.

모든 것을 집착 탓이라 말하는 종교

근래에 유행처럼 쓰이는 '힐링'(healing)이라는 말도 우리의 이런 현실을 반영합니다. 크고 작은 상처와 아픔 속에 살아가는 사람들을 위한 심리학적인 치유론이 대중의 관심과 인기를 얻는 것입니다.

그렇다 보니 오늘날 교회들 역시 '힐링'에 대한 대중의 관심과 필요를 충족시켜 주기 위해 애를 씁니다. 심지어 기독교의 본래 의미를 훼손하는 가르침이나 방법론에 기독교적인 색채를 덧입혀 교회 안에 도입하기도 합니다. 물론 우리는 말씀을 통해 이루시는 성령 하나님의 치유하심을 믿고 그것을 의지합니다. 단, 성령 하나님이 주체자로서 우리 안에 이루시는 치유는 매우 전인격적입니다. 인간이 고안해 낸 수단들에 의한 심리적인 차원의 해결책과는 엄연히 구별됩니다.

사실 오늘날 대중이 추구하는 힐링 개념과 방식에 더 잘 맞아떨어지는 종교는 불교입니다. 불교는 출발 자체가 '고통의 문제를 해결하고자 하는 고민'에 있기 때문입니다. 물론 그 외에도 다양한 종교들이 불교와 비슷한 지향성을 가지고 있습니다. 오늘날 유행하는 불교의 템플스테이, 힌두교의 요가나 명상, 로마 가톨릭교회의 피정(避靜) 등은 모두 성격이 비슷합니다.

그중에서도 가장 분명하게 사람들이 겪는 고통의 문제에 대한 관심에서 시작된 종교는 불교입니다. 우리는 악과 고통과 관련된 기독교의 진리를 바로 알기 위해서라도, 불교의 관점과 그들이 주장하는 해답을 어느 정도 알 필요가 있습니다.

불교의 창시자인 석가모니, 곧 고타마 싯다르타(Gautama Siddhartha)는 주전 6세기경 인도 북부 호살라국의 작은 부족 도시 카필라성의 원로원 최고 수장의 아들로 태어났습니다. 그는 아버지의 뒤를 이어 도시국가를 다스릴 후계자로 자라고 있었습니다. 그러던 어느 날 그는 궁궐 밖으로 나갔다가 노인들과 병자들, 죽어 가는 사람들을 보았습니다. 악과 고통이 있는 이 세상의 현실을 본 것입니다.

그리고 이로 인해 번뇌하며 출가했습니다. 이후 인간이 생로병사를 경험하며 받는 고통의 문제를 해결하기 위해 보리수 밑에서 명상한 끝에 깨달음을 얻음으로써 부처가 되고, 불교의 창시자가 됩니다.

이처럼 불교는 한 사람의 개인적인 경험과 깨달음에서 출발합니다. 이 세상에 있는 악, 특히 생로병사의 굴레 속에서 고통받는 인생의 문제에 대한 수행자의 고민과 나름의 깨달음이 불교의 기초에 있습니다. 이런 기초에서 시작된 불교의 주된 관심사는 지금까지도 이 세상의 모든 사람이 경험하는 '인생의 고달픔'에 대한 것입니다.

불교에서 말하는 생로병사, 곧 태어나서 늙고 병들고 죽는 이 고통스러운 현실에서 어떻게 하면 벗어날 수 있는가 하는 문제는 모든 사람의 관심사입니다. 아무리 긍정적인 사람이라도 인생이 힘들다는 것은 부인하지 못합니다. 우리는 단순히 경제적인 형편이 나아진다고 해서 인생의 고달픔과 고통이 사라지는 것이 아님을 분명하게 경험하고 있습니다.

과거보다 물질적으로 부유해진 오늘날, 사람들은 고통의 문제를 더 크게 느끼고 있습니다. 그리고 고통의 문제에서 출발한 불교는 고통에 예민한 시대에 대중에게 매우 현실감 있고 매력있는 종교로 인식되고 있습니다.

불교는 고통이 일반적으로 욕구의 좌절에서 생긴다고 진단합니다. 그리고 이런 진단에 따라, 욕구를 없애면 고통이 없어진다고 주장합니다. 원하는 바가 좌절되었을 때 고통이 생긴다고 보는 것입니다. 이 때문에 불교에서는 우리 마음에 있는 집착을 크게 문제 삼습니다. 우리가 집착하는 대상은 모두 변하는 것들이므로 집착할 만한 가치가 없다고 말합니다. 우주의 모든 존재가 다 영원하지 않고 계속 변하기 때문에 무언가를 얻으려는 것은 허상과 같은 일이라고 합니다.

당연히 영원하시고 불변하시는 하나님에 대해서도 부정합니다. 오히려 영원에 관한 생각은 집착과 채워질 수 없는 욕망을 만들어 내고, 고통의 원인이 된다고까지 주장합니다. 그들은 그 같은 고통을 '번뇌'라고 말하면서 이 번뇌를 없애기 위해서 애씁니다.

요즘 불교에서 학생들을 대상으로 행하는 템플스테이에서는 우리가 경험하는 고통을 번뇌로 인식하게 하고 그 번뇌를 종이에 적도록 하는데, 아이들도 깜짝 놀란다고 합니다. 자기에게 이렇게 번뇌가 많은 줄 몰랐다며, 이런 것들을 놓아 버리는 것이 제대로 된 나를 발견하는 길이라고 공감하는 이들이 많다고 합니다.

이처럼 불교에서는 이 세상에 집착할 만한 어떤 것도 없다는 진실을 강조하고, 그럼에도 계속 집착하며 무언가를 얻고자 하는 무지를 지적합니다. 그리고 무지를 벗어나 집착을 버리는 길로써 명상과 수련을 권장합니다. 명상을 통해 계속 변하고 있는 우주의 본래 모습을 깨달아야 한다는 것입니다. 나아가 모든 고통의 근원인 무지를 깨뜨리는 것이 바로 깨달음인데, 그러한 깨달음을 얻으면 곧 열반의 경지에 이른다고 말합니다. 득도하는 것입니다.

물론 불교 안에서도 한 번에 얻는 깨달음을 강조하는 가르침과 점

진적인 깨달음에 대한 가르침 등 다양한 이론이 팽팽히 맞서 있지만, 대체로 열반적정(涅槃寂靜)의 상태를 지향합니다. 곧 모든 번뇌의 불꽃이 꺼져 아픔도, 슬픔도, 눈물도, 고통도 없는 고요한 평온의 상태에 이르기를 추구합니다.

고통의 현실 가운데 있는 우리를 향한 복음의 대답

오늘날 한국 교회는 진리를 바르고 깊이 있게 알아 가며 분별력 있는 신앙을 세워 가는 것보다, 특별한 체험이나 감정 상태를 추구합니다. 그리고 그것을 기준으로 진리를 판단하기까지 합니다. 많은 교회가 성경의 진리는 다 알고 있는 뻔한 것으로 여기고, 오히려 체험을 내세우며 기독교에 대해 말하려고 합니다. 이것은 오늘날 많은 교회가 매우 위험한 상태에 있다는 증거입니다.

앞서 언급했듯이, 불교만 아니라 힌두교나 이슬람교에서도 질병 치유나 정서적 기쁨과 종교적 희열을 경험하는 일이 있습니다. 그러므로 체험을 기준으로 진리를 말할 수는 없습니다. 성경은 주님이 다시 오시기 전에 사탄의 활동에 따라 모든 능력과 표적과 거짓 기적, 그리고 불의의 모든 속임이 있을 것이라고 말합니다(살후 2:9-10). 가시적인 기적이나 마음에 일어나는 감정을 기준으로 진리 여부를 말할 수 없는 이유입니다.

하지만 여기서 우리가 한 가지 생각해 보아야 할 점이 있습니다. 이 세상에 악과 고통이 분명한 현실로 있다는 점입니다. 기독교는 악과 고통의 문제를 외면하거나 이런 현실과 무관한 복음을 전하지 않습니다. 그렇다면 우리는 그리스도인으로서 이런 현실에 대해 어떻게 생각하고 반응해야 할까요?

먼저, 우리는 우리가 믿는 기독교 진리를 분명히 이해해야 합니다. 불교를 비롯한 세상의 많은 종교와 인간 중심적인 세계관들은 고통을 겪는 인간의 경험에 초점을 맞추는 경향이 지배적입니다. 이들은 고통을 철저하게 주관적으로 바라보는 한계를 갖습니다. 그에 반해 기독교는 고통이 있는 현실을 주목하면서도 그런 현실이 있게 하는 보다 근원적인 원인에 초점을 맞춥니다.

기독교 신앙은 삶에서 고통의 경험 자체를 제거하거나 경감시키기를 지향하지 않습니다. 오히려 성경의 진리는 악과 고통이 있는 이 세상의 현실 속에서 하나님과 우리의 관계에 초점을 맞춥니다. 따라서 성경의 진리에서 멀어져 고통 자체에만 매달리게 되면, 그것은 예수님을 믿는다고 해도 결국 불교나 다른 이방 종교식으로 신앙생활을 하는 것이 됩니다.

물론, 기독교 복음은 하나님이 역사 속에서 이루시는 일과 객관적인 계시를 통해 하나님이 어떻게 세상의 악과 고통을 해결하시는지 말합니다. 악과 고통의 근본 원인에 대한 신적인 승리와 그로부터의 영원한 자유를 말합니다.

그러나 고통으로부터의 해방 그 자체를 목적으로 하지는 않습니다. 기독교는 그러한 일을 이루시는 하나님과 우리 사이의 관계에 초점을 맞춥니다. 악과 고통의 문제에서 주로 사람에게 초점을 맞추는 이방의 종교들과 인본주의 세계관과 다릅니다. 기독교는 우리가 현실에서 경험하는 고통의 문제를 말하면서도, 놀랍게도 그 문제와 해결의 주어를 하나님으로 이야기합니다. 이것이 기독교의 경이로움과 신비입니다.

같은 현실 속, 성도의 다른 길

우리의 현실 가운데 악과 고통이 있지만, 하나님이 그에 대한 최종적인 답이 되십니다. 기독교는 인간으로부터의 해결책을 말하지 않습니다. 기독교는 악과 고통이 있는 현실조차 하나님 안에 있다는 사실을 말합니다. 하나님 안에 있는 답, 또 계시를 통해 그분이 말씀하시는 답을 말합니다.

악과 고통이 있는 세상을 살아가는 신자에게는 직접 보고 경험하는 현실을 넘어 하나님을 보는 것이 꼭 필요합니다. 이것에 실패하면 우리는 악과 고통 속에서 방향을 완전히 잃어버릴 수 있습니다. 아니면 불교식으로 우리의 삶과 경험을 다 허상으로 여기며, 엄연한 현실을 부정하는 주관적인 자기 암시에 함몰될 수도 있습니다. 양쪽 모두 결코 악과 고통에 대한 객관적이고 역사적인 답이 될 수 없습니다.

그러므로 우리는 우리가 보고 경험하는 악과 고통만 아니라, 그것을 넘어 하나님을 보아야 합니다. 하나님의 진리에 귀를 기울여야 합니다. 우리는 이 땅을 사는 동안 악과 고통을 피할 수 없습니다. 죽는 순간까지 고통이 우리 곁에 있습니다. 그러나 우리에게는 또한 하나님과 그분의 말씀이 있습니다.

우리는 말씀 안에서 악과 고통이 있는 이 세상을 이해하고 그 안에서 하나님의 인도하심을 받으며 살아갑니다. 이것이 기독교입니다. 다른 사람들과 마찬가지로 우리도 악과 고통을 경험하지만, 삶의 내용과 방향과 목표에서 다르게 살아갑니다.

우리가 취할 길은 이방 종교와 같이 마인드 컨트롤을 하는 정도가 아닙니다. 기독교는 역사적인 계시 종교입니다. 성도는 악과 고통이 있는 세상에서도 하나님이 역사 속에서 나타내 보이시고 증거하신 답을 가지고 살아가야 합니다. 우리 모두가 그와 같은 진리와 믿음을 소유하고, 실제로 그렇게 사는 데까지 나아가기를 바랍니다.

기독교는 악과 고통의 문제를 외면하거나
이런 현실과 무관한 복음을 전하지 않습니다.
그렇다면 우리는 그리스도인으로서
이런 현실에 대해 어떻게 생각하고 반응해야 할까요?
먼저, 우리는 우리가 믿는 기독교 진리를
분명히 이해해야 합니다.

"사람이 무엇이기에 주께서 그를 크게 만드사 그에게 마음을 두시고 아침마다 권징하시며 순간마다 단련하시나이까 주께서 내게서 눈을 돌이키지 아니하시며 내가 침을 삼킬 동안도 나를 놓지 아니하시기를 어느 때까지 하시리이까 사람을 감찰하시는 이여 내가 범죄하였던들 주께 무슨 해가 되오리이까 어찌하여 나를 당신의 과녁으로 삼으셔서 내게 무거운 짐이 되게 하셨나이까 주께서 어찌하여 내 허물을 사하여 주지 아니하시며 내 죄악을 제거하여 버리지 아니하시나이까 내가 이제 흙에 누우리니 주께서 나를 애써 찾으실지라도 내가 남아 있지 아니하리이다"(욥 7:17-21).

"여호와여 내가 부르짖어도 주께서 듣지 아니하시니 어느 때까지리이까 내가 강포로 말미암아 외쳐도 주께서 구원하지 아니하시나이다"(합 1:2).

02

탄식
고통 속의 교통

고통과 혼란 속 우리의 믿음

악과 고통은 우리 삶의 특정한 시기나 상황에서만 경험되거나 영향을 미치지 않습니다. 악과 고통은 우리 모두의 삶 전반과 관련되어 있으며, 언제나 우리 주변에서 어떤 식으로든 작용하고 있습니다. 그리고 그만큼 그것은 우리에게 예민한 문제입니다. '악'은 죄의 영향으로 나타나는 온갖 부패, 불의, 불행한 참상을 총칭하는 말입니다. 천재지변, 질병, 재앙, 사고, 전쟁, 사망 등이 다 이에 포함됩니다.

우리는 일상을 사는 중에 이런 악의 실체를 잠시 잊을 수도 있고, 어떤 사람들에게는 당장 개인적으로 와 닿지 않을 수도 있습니다. 하지만 궁극적으로 악과 그로 인한 고통에서 완전히 자유로울 수는 없습니다. 나와 관계된 사람들의 고통에서 나 자신의 질병, 예기치 못한 사건과 사고, 마침내 맞이할 죽음에 이르기까지 우리는 모두 세상의 악과 고통을 경험합니다.

시야를 조금 더 넓혀 보면 세상에는 전쟁, 기근, 악인들에 의한 무고한 이들의 죽음, 불의의 사고로 인한 사망과 상해 같은 일들이 끊이지 않습니다. 누구에게나 이에 대한 기도와 하나님의 은혜가 필요합니다.

악과 고통의 문제는 때때로 우리의 삶을 송두리째 흔들고, 우리의 신앙에도 많은 의문과 혼란을 일으킵니다. 앞 장에서 언급했듯이, 세상은 이 문제에 대한 수많은 이론을 펼쳐 왔습니다. 그리고 이로 인해 예수님을 믿는 사람들까지 시험에 들고 미혹당하기도 합니다. 불합리해 보이는 악의 현실을 보며 심한 고통을 겪게 되면 많은 사람이 신앙을 회의하고, 어떤 사람들은 이 세상의 논리를 따라 신앙을 저버리기까지 합니다. 우리는 이 문제에 대한 성경적인 이해를 확실히 가질 필요가 있습니다.

깊은 뿌리마저 흔드는 악과 고통

성경은 우리가 악과 고통을 심하게 겪을 때 혼란을 느끼며 절규하는 내용을 많이 말합니다. 하박국 1장에서도 하박국 선지자는 "어찌하여"라고 탄식하며 자신의 혼란스러운 마음을 표현합니다. 성경에는 이렇게 비통한 마음으로 "어찌하여" 또는 "어느 때까지입니까" 하고 외치는 말이 많이 있습니다.

하박국은 선지자임에도 불구하고 그렇게 말했습니다. 또 우리는 하나님이 칭찬하셨던 욥에게서도 그런 모습을 보게 됩니다. 욥은 심한 고통 가운데서 "어느 때까지 하시리이까"라고 탄식했습니다. 욥은 하나님께 많은 질문을 쏟아 냈습니다.

"나를 단련하시려고 이렇게 하십니까? 내가 범죄한들 주께 무슨 해가 되겠습니까? 어찌하여 나를 과녁으로 삼으셔서 내게 무거운 짐이 되게 하십니까? 어찌하여 내 허물을 사하지 아니하시고 내 죄악을 제거해 버리지 아니하십니까?"

이렇게 하박국 같은 선지자나 욥처럼 하나님이 칭찬하신 사람 역시 세상의 악을 보고 경험하며 고통받을 때는 생각이 혼란스러워지고 감정이 요동합니다.

우리와 같은 평범한 사람들은 더욱 그렇습니다. 교회 안에 있는 많은 사람이 '과연 하나님은 무엇을 하고 계시는가? 하나님이 살아 계신다면, 전능하시다면, 사랑의 하나님이시라면, 나를 알고 계신다면, 어떻게 이런 고통 속에 내버려 두실 수 있는가?'라고 의문을 품으며 극단적으로는 하나님으로부터 등을 돌리기까지 합니다.

이런 문제를 대충 묻어 두고 넘어가는 신앙은 좋은 신앙이 아닙니다. 정말 좋은 신앙은 누구도 피할 수 없고 무관할 수 없는 악과 고통의 현실에 대한 성경적인 답을 확고히 갖는 신앙입니다. 성경은 이런 현실에도 주어가 되시는 하나님을 시작부터 끝까지 강조합니다. 성도는 하나님의 말씀을 통해 주권자 하나님을 믿으며, 악과 고통이 있는 현실을 살아가야 합니다. 릭 홀랜드(Rick Holland)는 다음과 같이 말했습니다.

"슬픔과 고통이 찾아오면 우리가 가지고 있던 성경적인 확신들이 언제나 진리로 느껴지지 않는다. 두려움이나 염려 혹은 상처와 같은 감정은 단 한 순간에 모든 성경적인 관점들을 날려 버릴 수가 있다. 그러나 현실에 대한 신학적인 확신만이 시험의 순간에 든든한 닻이 되어 다가오는 유혹을 물리칠 수 있다. 진리는 우리 생각의 진로를 수정할 수 있고 감정의 폭풍우를 잠재운다."[1]

그렇습니다. 악과 고통이 있는 현실 속에서 우리는 밀려오는 여러 가지 시험을 경험합니다. 그리고 그 앞에서 우리의 감정은 소용돌이칩니다. 그런데 이와 같은 상황에서 진리에 확신이 없는 사람은 더욱 흔들리게 됩니다. 진리에 확신을 갖는다는 것은 몇 가지 이론적인 지식을 갖는 것 정도를 말하지 않습니다. 이론적인 지식은 우리를 두려움에서 벗어나게 해주지 못합니다.

하나님은 어려운 현실을 만날 때 다시 또 두려워하는 우리를 아시고 두려워하지 말라고 반복하여 말씀하십니다. 우리가 가져야 할 확신은 이처럼 악과 고통이 있는 험한 현실 속에 살아가는 우리를 놓지 않으시는 하나님에 대한 확신입니다.

험한 현실 속 우리에게 필요한 확신

이와 관련하여 존 파이퍼(John Piper) 역시 『하나님은 어떻게 악을 이기셨는가』라는 책에서 이렇게 말했습니다.

"내가 이 책을 쓰는 이유는 미래의 그리스도인들에게 필요하겠다는 신념에서였다. 서구의 그리스도인들은 너무 나약하다. … 나약한 서구 세계는 오래지 않아 고통의 소용돌이에 휘말릴 것이다. 그런 일이 일어날 때 과연 누가 하나님의 비전을 붙들 것인가. 전 세계적 고난을 견뎌 낼 만한 준비된 그리스도인은 어디 있는가? 다가올 재앙에 대비해 강인한 정신력과 영혼으로 무장한 그리스도인은 어디에 있는가? 서구의 그리스도인들은 부실한 세계관으로 약해져 있다.
부실한 세계관은 부실한 그리스도인을 만든다. 이제 하나님은 우리 삶에서 존재감이 없다. 두려워 떨 정도로 위엄 있는 분도 아니다. 그분의 전능함은 기껏해야 그분의 자비에 이은 부차적인 속성일 뿐이다. … 나는 하나님에 대한 올바른 관점을 확립하기 위해 이 책을 쓰고 있다. 최악의 상황에서도 믿음을 잃지 않도록 말이다. 내가 말하는 최악이란 정말로 끔찍하고 비참한 상황을 말한다.
누가 앞으로 다가올 고통에 대비하고 있을까? 요즘 예배와 설교를 보면 우리를 더 응석받이로 만들고 나약하게 만드는 것은 아닌지 우려가 된다. … 세계적 재난과 개인적 고난이 다가오고 있다. (이것은)

허황된 말이 아니라 성경에 근거해서 하는 말이다. '우리가 하나님의 나라에 들어가려면 많은 환난을 겪어야 할 것이라'(행 14:22). '사람들이 나를 박해하였은즉 너희도 박해할 것이요'(요 15:20). '아무도 이 여러 환난 중에 흔들리지 않게 하려 함이라'(살전 3:3).

… 진짜 어려운 시기가 다가오고 있다. … 밧모섬에서 사도 요한이 했던 말을 우리도 되풀이해야 할 판이다. 내게는 하루를 축복해 주는 하나님, 그리고 그분의 격려의 말도 필요하지만 바벨론의 큰 음녀가 어느 날 '성도들의 피와 예수의 증인들의 피에 취할'(계 17:6) 것이라는 경고도 필요하다. … 이러한 미래에 대비해 하나님의 성도들을 준비시킬 목자는 어디에 있는가? … 현명하고 자유로운 목자는 성도들이 그런 경고를 좋아하지 않는다고 해서 침묵해서는 안 된다.

… 응석받이로 자라난 사람들은 자신의 세계가 무너졌을 때 누구의 말에도 귀를 기울이지 못한다. (그들은) 그러한 상황을 막지 않는 하나님에 대해서 분노하고 혼란스러워하면서 공황 상태에 빠진다. … 이 책을 쓴 목적은 악이 우세할 때 당신의 믿음을 보전하고 용기를 심어 주기 위해서다. 이는 매우 중요하고도 심각한 문제. 이제부터 유행병과 전염병과 개인적 고난이 닥쳐올 것이다."[2]

우리는 신자로서 악이 기승을 부리는 세상에서 살아갑니다. 그런 세상에 사는 우리 앞에는 우리를 위해 돌아가신 그리스도를 영화롭게 하기 위한 싸움이 있습니다. 악과 고통이 있는 세상에서 하나님의 위대하심을 인정하며 끝까지 하나님을 신뢰해야 할 싸움이 있습니다.

우리는 악과 고통을 겪는 가운데서도 '우리를 위해 돌아가신 그리스도를 영화롭게 하기 위해 끝까지 하나님을 신뢰할 수 있는가?'를 스스로 질문해 보아야 합니다. 하박국과 욥처럼 "어찌하여 나로 이러한 악을 보고 경험하게 하시나이까"라고 절규하면서 눈물을 흘릴지라도 끝까지 하나님을 저버리지 않고 신앙의 여정을 갈 수 있는가를 질문해 보고, 이에 대한 확고한 대답을 우리 마음에 가져야 합니다.

나의 고통일 수 있는 세상의 고통 앞에서

우리는 감당하기 어려운 고통을 겪을 때면 그것을 하나님과 연관짓곤 합니다. 하박국이나 욥처럼 하나님을 향한 의문과 불평을 갖습니다. '과연 이런 고통을 허락하시는 하나님이 선한 분이신가' 하며 회의적인 마음을 품거나, 극단적으로는 신앙을 버리기도 합니다.

우리는 소위 하나님을 믿는다고 하는 사람들, 구약 성경을 믿는 유대인, 신구약 성경을 믿는 가톨릭교회와 개신교회에 속한 사람들에게서 이런 반응을 더 많이 보게 됩니다. 심지어 종교가 없는 이들도 9·11 테러 같은 인간의 악함을 충격적으로 경험할 때는 하나님을 들먹이며 조롱 섞인 말을 합니다.

이 세상에는 지금도 이해하기 힘든 고통스러운 현실이 있습니다. 예를 들어, 종합병원의 소아 병동에서는 어린아이들이 각종 희귀병에 걸려서 죽어 가고 있습니다. 태어난 지 얼마 안 되어서부터 생사의 경계에서 고통받는 아이들도 있습니다.

우리는 과거로부터 많은 사람을 괴롭게 한 이런 현실을 아무렇지 않게 지나치기 어렵습니다. 수년 전 한 여인을 토막 살해하고 그녀의 살을 일정한 양으로 마치 회를 뜨듯이 담아 두었던 조선족 살인마의 악행이 우리를 분노하게 했습니다.

유대인 엘리 위젤(Elie Wiesel)이 아우슈비츠에서 자기 동족들이 물건만도 못하게 취급당하면서 죽는 것을 목격했고, 어린아이들이 가득 찬 트럭에서 그 아이들을 내려서 땔감으로 던지는 광경을 보았다는 말도 우리에게 큰 충격을 줍니다.

2004년 인도네시아에서 28만 명의 희생자를 내고 2011년 동일본에 몰아닥쳤던 쓰나미, 아프리카 수단에서 수백만 명이 살해당하고 강간을 당하고 노예로 끌려갔던 일, 수많은 사상자를 낸 아이티와 중국 쓰촨성의 지진, 2020년부터 현재까지 수백만 명의 생명을 앗아 간 코로나19 바이러스와 같은 질병들 역시 마찬가지입니다.

물론 이런 비극적인 일들에 대한 소식이 충격을 넘어 우리의 신앙과 존재까지 흔드는 경우는 많지 않습니다. 하지만 내가 그런 악과 고통의 당사자가 될 때는 다릅니다. 사랑하는 사람이 암에 걸려 젊은 나이에 죽거나, 배우자와 사별하거나, 자식과 친구들에게 닥친 큰 사고와 불행, 질병, 죽음을 볼 때, 우리는 크게 흔들립니다. 하나님에 대한 신앙에 의문이 생기기도 합니다. 하나님이 선하신지, 나를 사랑하시는지, 과연 전능하신지 생각하게 됩니다.

니콜라스 월터스토프(Nicholas Paul Wolterstorff)라는 그리스도인 철학 교수는 신앙심도 좋고 총명하여 많은 사람에게 칭찬을 받던 25세 아들을 잃었습니다. 유럽에서 산행 중 발을 헛디뎌서 실족사한 것입니다. 월터스토프는 이 일로 인한 자신의 심정을 다음과 같이 이야기했습니다.

"고통이란 무엇인가? 소중한 무엇, 혹은 사랑하는 무엇인가가 찢겨져 나가거나 주어지지 않는 것이다. 어쩌면 그런 것은 고통이 일어날 때의 현상일지도 모른다. 그렇다면 고통이란 무엇인가? 나는 모른다. 나는 고통에 대해서 아무것도 모른다. 정말 그랬다. 꺾여진 손마디, 부러진 뼈마디의 고통, 슬픔과 고통에 대해서 나는 전혀 아는 바가 없다.

고통의 실체가 존재하는 것에 대해서는 어느 누구도 의심하는 사람은 없다. 우리는 고통에 있어서는 하나다. 어떤 이는 재물이 많고, 어떤 이는 두뇌가 명석하고, 어떤 이는 육체가 강건하고, 어떤 이는 존경의 대상이 된다. 그러나 우리 모두는 고통을 경험한다. 왜냐하면 우리 모두에게는 소중하게 여기는 것들이 있으며 사랑의 대상이 있기 때문이다. 소중히 여김과 사랑은 고통을 수반한다. 우리 세상에서의 사랑은 고통을 수반하는 사랑이다. 많이 사랑하지 않는 사람은 많이 고통받지 않는다. 왜냐하면 우리의 고통은 사랑함에서 오기 때문이다." [3]

그렇습니다. 우리는 사랑하지 않는 대상이 받는 고통에 충격과 분노는 느낄 수 있지만, 그로 인해 크게 고통을 겪지는 않습니다. 그러나 사랑하는 사람을 잃거나 사랑하는 사람에게 일어난 불행과 비극적인 사건, 또는 내가 사랑하는 나 자신에게 생기는 문제는 우리를 크게 고통스럽게 합니다.

그리고 '왜 이런 일이 생기는가?', '이런 비극이 생길 때 하나님은 도대체 무엇을 하시는가?'에 대해 더 깊이 생각하게 됩니다. 그럭저럭 견딜 만한 일이라면 그런 고민도 곧 사라집니다. 하지만 돌이킬 수 없고, 회복할 수 없고, 되찾을 수 없는 상실과 손실, 가족의 죽음과 같은 일은 그렇지 않습니다.

제럴드 싯처(Gerald L. Sittser)라는 사람에게 일어난 일의 경우가 그렇습니다. 싯처는 한 음주 운전자가 중앙선을 넘어와 자신의 가족이 탄 차를 들이박음으로써 아내와 어머니, 4세 아이를 한순간에 잃었습니다. 그는 그 경험을 하나님과 연관시켜서 이해하려 애썼지만, 답을 찾기 어려웠습니다. 오스 기니스(Os Guinness)는 싯처의 경험에 대해서 다음과 같이 말했습니다.

"1분은 얼마만 한 길이의 시간인가. 1분이란 고작 햄버거를 한 입 베어 먹거나 교향곡의 첫 소절을 들을 수 있는 시간 또는 책의 한 페이지를 읽을 수 있는 시간이거나 낯선 사람의 첫인상을 잠시 훑어볼 시간에 불가하다. 하지만 그 1분이 한 가족의 삶을 영원히 바꾸어 놓았다. 고통과 고난을 당하는 순간은 행복을 느끼는 순간보다 훨씬 더 길게 느껴진다.

위의 이야기에서처럼 개인의 삶을 산산이 부서뜨리고 극심한 고통을 느끼게 하는 불행한 일들은 수없이 일어난다. 인생을 살다 보면 누구라도 그런 순간을 맞이할 수 있다. 아무 생각 없이 줄곧 행복하게 살아오다가 느닷없이 모든 것이 변하고 마는 것이다. … 불행을 당했을 때 가장 먼저 떠오르는 것은 '만일 그랬더라면'이라는 후회다.

불행을 당한 사람들은 끔찍했던 일이 떠오를 때마다 그와 같은 아쉬움과 탄식을 느끼게 된다. 치명적인 사고에서 다행히 목숨을 건진 사람들은 '그런 일이 없었더라면' 또는 '그것이 사실이 아니었다면' 하는 생각에 시달린다. 싯처 가족은 사고가 난 지 3년이 지난 후에도 여전히 그런 가능성을 곱씹곤 했다. 살아남은 아들은 '아빠, 내가 인디언 주술 의식이 끝난 뒤에 화장실에만 갔다 왔어도 엄마는 아직 살아 계실 거예요. 그날 아빠가 조금만 더 바빴어도 엄마는 죽지 않았을 거예요'라고 말했다.

'만일 그랬더라면'이라는 생각을 하는 이유는 마음을 달래기 위해서다. 만일 그들이 (인디언) 주술 의식을 2분만 더 관람했더라면, 만일 그들이 자동차 연료를 조금만 더 천천히 주입했더라면, 만일 상대편 운전자가 맥주를 한 잔만 덜 마셨거나 한 잔 더 마시기 위해 술집에 조금 더 있었더라면 등 조금이라도 마음에 위안이 느껴질 때까지 가능한 모든 생각을 떠올려 보는 것이 인간의 심리다.

하지만 현실로 되돌아와 이미 일어난 사태를 자각하는 즉시, 왜 내가 이런 일을 당해야 하는가 하는 본능적인 물음이 되살아난다. … 그리고 '왜 나인가?'라는 질문의 저변에는 궁극적인 혼란과 무질서에 대한 두려움이 깔려 있다.

… 문제는 무고한 사람이 불행을 당하는 것만이 아니다. 불행은 닥치는 대로 일어난다는 것 또한 명백한 현실이다. 사고는 예측할 수 없다. 희생자들은 사고를 대비할 수 없다. 삶은 어려운 것만이 아니라 부당하고 두려울 정도로 부조리하다. 더욱이 불행한 일을 겪은 후에는 더 이상 아무것도 신뢰할 수 없다." [4]

앞서 언급했던 엘리 위젤이라는 사람은 아우슈비츠 수용소의 생존자였습니다. 그는 자신의 책에 자신의 경험을 아주 충격적이고 생생하게 기록했습니다. 그는 가슴이 먹먹해지는 증언들과 함께 그런 현실에서 '하나님은 어디 계시는가?' 하는 질문을 던졌습니다. 오스 기니스는 위젤의 경험에 대해 다음과 같이 말했습니다.

"고작 열다섯 살의 엘리 위젤은 열차에서 내리자마자 자신의 어머니와 누이와 영원한 작별을 고해야 했다. 그는 아버지와 함께 남자들을 위한 수용소로 향했다. 위젤은 지난날의 모든 환상과 꿈을 자신이 소중히 간직해 온 물건들과 함께 열차에 두고 내려야 했다고 말했다.
그리고 집단 수용소에 발을 들여놓는 순간 그는 마지막 남은 희망마저 완전히 포기해야 했다. 누군가가 '야 이 녀석들아! 너희들 여기에 뭐 하러 왔어'라고 소리쳤다. 어린 위젤에게 집단 수용소는 단테의 신곡에 나오는 지옥을 방불케 했다.
… '여기에 오는 것보다 차라리 원래 있던 곳에서 목을 매다는 것이 나았을 것이다. 아우슈비츠에 너희들을 위해 무엇이 준비되어 있는지 알지 못했느냐. 한 번도 들어 본 적이 없느냐. 1944년에 말이다.' 그런 후에는 마치 얼굴을 곤봉으로 후려갈겨 일그러지게 만들기라도 하려는 듯이 '바로 저곳이 너희가 끌려가게 될 곳이다. 저곳이 바로 너희들의 무덤이라는 말이다. 이 멍청이들아, 아직도 이해하지 못하겠니. 그렇게 머리가 안 돌아가. 너희는 불에 타서 시커멓게 재가 될 거란 말이다!'라는 폭언이 이어졌다.

엘리와 그의 아버지는 큰 충격에 휩싸였지만, 여전히 반신반의하는 표정으로 수용소를 향해 터벅터벅 걸어갔다. 그들은 길을 가면서 화장터를 지났다. 약식으로 만든 화장터의 도랑에서는 불꽃이 치솟고 있었고 갓난아이와 어린아이들이 산 채로 불에 타서 죽어 가고 있었다. 어디쯤 이르자 엘리와 함께 온 일행 가운데 누군가가 카디쉬(Kaddish, 죽은 사람을 위해 드리는 유대인의 전통적인 기도)를 암송하기 시작했다.

… 하지만 위젤은 자신의 아버지가 다른 사람들과 같이 '그분의 이름이 축복과 영광을 받으시오며'라고 낭송하기 시작하자 갑자기 숨이 막히면서 가슴에서 뭔가가 치밀어 오르는 듯한 느낌을 받았다. 그는 '나는 난생처음 반항심이 솟구치는 것을 느꼈다. 왜 내가 그분의 이름을 축복해야 하나. 영원한 우주의 주님, 전능하시고 경이로우신 분이 침묵을 지키시는데 내가 왜 그분께 감사를 드려야 하나'라고 썼다.

온몸의 힘을 모아 전기 철조망에 몸을 던지고 싶은 마음이 굴뚝같았지만, 위젤은 가까스로 충동을 억누르고 지옥에 들어와 죽음의 천사를 처음 만났던, 그날 하루를 조용히 마감했다. '내 삶이 일곱 겹으로 봉해진 하나의 긴 밤으로 되어 버린 그날 밤 수용소에서 맞은 첫날 밤을 결코 잊지 않을 것이다. 나는 결코 그 연기를 잊지 않을 것이다. 나는 침묵하는 맑은 하늘 아래에서 연기를 내뿜으며 타들어 가던 그 어린아이들의 작은 얼굴을 절대로 잊지 않을 것이다. 나는 나의 신앙을 영원히 태워 버린 그 불꽃을 결코 잊지 않을 것이다. 나는 내게서 삶의 의욕을 영원히 앗아가 버린 그날 밤의 침묵을 영원히 기억할 것이다. 나는 나의 하나님과 나의 영혼을 살해하고 나의 꿈을 잿더미로 만든 그 순간을 절대로 잊지 않을 것이다. 내가 하나님처럼 오래 살 수 있는 운명이 된다 해도 영원히 그런 일들을 잊지 않을 것이다. 결코 잊지 않으리라.'

나중에 독일 친위대는 집단 수용소 수감자들에게 어린아이 하나가 고통스럽게 목이 매달려 죽어 가고 있는 현장을 억지로 지켜보게 했다. 수감자 중의 한 사람이 그것을 지켜보면서 '하나님이 어디에 계신가. 그분은 도대체 어디에 계신단 말인가'라고 물었다. 그 순간 열다섯 살의 엘리 위젤의 마음에서는 '하나님이 지금 어디에 계시냐고? 그분은 바로 여기에 계셔. 바로 저 교수대에 매달려 계시지'라는 소리가 들려왔다."[5]

엘리 위젤은 아우슈비츠에 가기 전에 유대인 신비주의에 빠져 있었을 만큼 종교적인 열심이 있었습니다. 하지만 아이들이 목매달려 죽어 가는 끔찍한 장면을 경험하면서 '하나님이 어디 계시는가? 하나님은 죽었다!'라는 마음을 갖게 된 것입니다. 자신이 엘리 위젤이었다면 어떠했을지 생각해 보십시오.

이 세상에는 아우슈비츠의 고통만 있지 않습니다. 역시 유대인이었던 랍비인 해롤드 쿠쉬너(Harold Kushner)라는 사람은 자기 아들 아론이 조로증에 걸려서 80세가 다 된 노인처럼 되어 가는 모습을 보면서 다음과 같이 하나님께 의문을 표했습니다.

"그동안 하나님의 뜻에 충실하며 그분의 일을 해왔다. 그런데 어떻게 나의 가족에게 이런 일이 일어날 수 있단 말인가? 하나님이 존재하시고 또 사랑과 용서는 제하더라도 일말이나마 공평하시다면 어떻게 이런 일을 행하실 수 있단 말인가? 내가 알지 못하는 죄나 교만 때문에 이런 징벌이 나에게 주어졌다면 아론은 도대체 어떤 이유에서 고통을 당하고 있는 것일까?"[6]

쿠쉬너는 『왜 착한 사람에게 나쁜일이 일어날까』라는 책을 통해 하나님이 선하시다는 것에 의문을 제기했습니다. 또 어떤 사람은 자신의 6세 아들을 백혈병으로 보내고, 10년 뒤에 18세 딸도 임파선 암으로 죽은 경험을 말하며 하나님의 선하심을 완전히 부정했습니다.

"시간이 지나면 모든 상처가 해결될 것이라고 누가 말했습니까? 하나님이 위로해 주신다고 누가 말했습니까? 하나님은 어느 곳에나 다 계신다고요? 그렇다면 그분은 내가 12년 전에 백혈병으로 죽은 내 아들과 2년 전에 임파계 암으로 죽은 열여덟 살 된 내 딸의 무덤에 찾아갈 때에도 나와 동행하셨습니까? 그분은 나와 함께 흐느껴 우시나요? 나의 고통을 덜어 주기 위해 그분이 하실 수 있는 일은 무엇입니까? 그리스도께서 나를 위해서 돌아가셨다고요? 그럼 내 아이들은 누구를 위해 죽었나요? 자비로우신 하나님께 기도한다는 것, 그것이 얼마나 고통스러운 일인지 그분은 아실까요? 사랑의 하나님이라고요? 우리를 이해하시는 하나님이라고요? 과연 심판 날에는 누가 누구를 심판할까요?

나는 소중한 것을 빼앗긴 모든 사람을 대변할 것입니다. 나는 병원에서 근무합니다. 과연 하나님은 병든 자와 죽어 가는 자를 만나기 위해서 복도를 따라 걷고 계신가요? 그분은 고통당하는 자들의 고통을 덜어 주고 그들의 눈에서 눈물을 씻겨 주기 위해서 그들 곁에 계시나요? 아닙니다. 절대 아닙니다. 그분은 절대로 거기 계시지 않습니다."7

이 책을 읽고 있는 독자 중에 지금 인용한 사람들처럼 심하게 악과 고통을 경험하고 있는 경우는 많지 않을 것입니다. 물론 암 수술을 받고 회복 중인 분, 현재 암과 같은 질병을 치료 중인 분도 있을 수 있습니다. 그 외에도 가족에게 일어난 어떤 일로 인해 고통을 겪고 있는 분도 있을 것입니다. 현실의 압박으로 인한 고통, 버림받고 무시당

함으로써 얻은 상실감과 상처가 있는 분도 있을 것이고, 어쩌면 지금까지 겪은 것보다 더 큰 시련을 앞에 두고 있을지도 모릅니다. 언젠가 우리는 예기치 않은 사고로든, 질병으로든, 수명이 다해서든 주변의 사랑하는 사람을 보내야 합니다.

그때 우리는 하박국과 욥처럼 하나님께 "어찌하여"라고 탄식하며 묻게 될 것입니다. 특히 납득하기 어려운 악행과 끔찍한 사건을 통해 고통을 당하게 된다면 더욱 강렬하고 회의적인 반응을 하게 될 수 있습니다. 예컨대 한창 자라나던 자녀가 학교에 가다가 교통사고로 사망했다는 소식을 듣게 된다면 우리의 심정이 어떻겠습니까?

침묵보다 나은 길

그런 현실을 보고 경험하게 될 때 우리가 할 수 있는 한 가지는 자신이 겪는 그 고통과 악에 대한 의문을 하나님 앞에 가지고 나와서 묻는 것입니다. 종종 우리는 악과 고통의 현실 앞에서 자신이 할 수 있는 일이 많지 않다는 사실을 깨닫게 됩니다.

우리는 성경에서 이런 현실의 고통과 그로 인한 의문과 마음의 동요를 하나님 앞에 가지고 나와서 묻고 구하는 신앙을 보게 됩니다. 이것은 우리가 사는 세상의 악과 고통의 문제에 있어서 굉장히 중요한 사실입니다. 듣기에는 아주 간단한 이야기 같지만 실제로는 굉장히 중요한 문제입니다. 우리가 신자로서 극심한 고통을 당할 때, 그런 현실과 우리 하나님의 선하심 모두를 인정하는 일은 매우 어렵습니다.

그래서 어떤 사람은 이로 인해 하나님을 불신하는 데로 나아갑니다. 계속되는 고통 가운데 견디다가 상황이 더 안 좋아지면 하나님을 부정하거나 불신합니다. 이것은 인간 존재에 있어서 가장 비극적이고 파괴적인 순간입니다. 하나님을 배제하고 하나님을 불신함으로써 결국 자기 자신을 파괴시키는 것입니다.

그러므로 이 세상의 악과 고통으로 인해서 하나님에 대한 의문이 생기고, 그 고통과 의문이 나를 흔들고 삼키려 할 때 신자에게 가장 중요한 것은 하나님께 묻는 것입니다. 하나님께 묻는 것은 하나님에 대해 이런저런 말을 하는 것과는 다릅니다. 내면에 소용돌이치는 생각들을 마음에 담아 두는 것과도 다릅니다. 욥과 하박국처럼 일단 하나님께 가지고 나와서 하나님께 묻고 구하는 것입니다.

극심한 고통 가운데서 하나님을 찾는 것은 욥의 아내가 말한 대로 어리석고 무모한 짓처럼 보일 수 있습니다(욥 2:9). 하지만 우리는 욥과 하박국의 모습을 통해 성경이 우리에게 교훈하는 바를 깨달아야 합니다. 그 두 사람은 공통적으로 자신들의 고통을 하나님께 솔직하게 아뢰며 하나님 안에서 답을 찾고자 했습니다. 그런 태도는 성경에 나오는 모든 신실한 믿음의 사람들에게서 나타납니다. 특히 시편 기자들에게서 그런 모습을 볼 수 있습니다. 그들은 자신의 절박함을 하나님께 가지고 나아가 아뢰며 고통 중에서 하나님의 인도하심과 답을 얻고자 했습니다.

어떤 사람들은 그저 참고 견디는 것만으로 자신이 믿음을 발휘하고 있다고 생각하기도 합니다. 그렇지 않습니다. 우리는 침묵과 견딤보다 하나님 앞에 자신의 심정을 토하면서 어떤 식으로든 하나님께 아뢰고 구하는 것의 가치를 알아야 합니다. 고통 속에 있지만 결국 하나님과 교통하고자 하는 것입니다. 고통 속에 있는 신자에게 중요한 것은 그것을 가지고 하나님께로 나아가 교통하는 가운데 답을 얻는 일입니다. 침묵과 견딤이 능사가 아닙니다.

물론 이것으로 고통과 악의 현실에 대한 완전한 해결에 이를 수는 없습니다. 하지만 고통 앞에서 우리가 찾아야 할 이 최초의 길은 여전히 중요합니다. 성경은 비록 현실의 고통이 수용하기 힘들어도 그 힘든 것을 하나님 앞에 가지고 나아가 절규하며 탄식하며 아뢸 때, 하나님이 어떤 식의 답으로든 우리의 영혼을 만족케 하신다는 사실을 말해 줍니다.

고통스러운 현실을 이유로 하나님을 떠나면 우리는 우리를 둘러싼 악한 세상의 현실과 거기서 우리가 겪는 고통 자체 이상을 보지 못하게 됩니다. 이로써 우리는 자신을 더욱 비참으로 내몰게 됩니다. 이것은 사탄의 유혹에 자신을 내어 주는 격입니다.

반면, 이해할 수 없는 악과 고통의 문제를 하나님께 가지고 나아가 자신의 심정을 토로한 하박국 선지자를 보십시오. 그는 하나님의 오랜 침묵을 경험했지만, 결론적으로 하나님을 만났습니다. 하나님의 임재 가운데 자신이 알지 못하고 보지 못하는 하나님의 계획과 뜻과 일하심이 있음을 알게 되었습니다.

욥도 자신의 존재와 삶을 흔드는 어려움을 겪으면서 오랫동안 고통의 세월을 보냈지만, 후에 하나님의 현존을 경험하며 티끌과 재 가운데에서 회개했습니다. 시편 기자들도 절규에 대한 대답으로써 하나님의 현존을 경험한 사실을 기록했습니다. 이를 통해 하나님에 대한 이해를 새롭게 하게 되고 체험적으로 그분을 알게 되는 경험을 한 것입니다. 바로 이것이 악과 고통 속에서 신자들이 경험하는 숨겨진 비밀입니다.

우리는 이 비밀을 알아야 합니다. 우리의 고난과 고통에는 우리가 다 알 수 없는 많은 비밀이 있습니다. 그리고 그로 인해 우리는 하나님에 대한 의문을 품고, 심지어 회의감에 빠지기도 합니다.

하지만 그럼에도 하나님을 찾고 그분께 묻는 자는 결론적으로 고통 속에서 하나님을 더욱 알게 됩니다. 이것이 성경의 하박국서나 욥기나 시편 등에서 고통 가운데 살았던 하나님의 백성이 절절하게 증거해 주는 놀라운 사실입니다. 그리고 이 사실은 고통 속에서 일어나는 우리의 모든 의문과 답답함을 녹입니다.

성경이 신자에게 일러 주는 비밀

지금까지 신앙생활 중에 겪었던 고통의 결론을 생각해 보십시오. 하나님을 더욱 알아 가게 하는 삶의 경험들 가운데에는 다양한 고비들이 있었을 겁니다. 그리고 앞으로도 적지 않은 고난들이 있을 것입니다.

우리는 이런 삶의 고비들을 지나며 그 배후에 계신 하나님을 알게 됩니다. 하박국과 욥은 악과 고통에 시달리며 의심과 회의에 빠질 때 "어찌하여 내게 이런 일을 겪게 하십니까"라고 탄식하며 하나님께 나아갔습니다. 신자는 이렇게 고통 중에도 하나님을 붙들고 하나님과 교통함으로써 답을 얻을 수 있습니다.

물론 납득하기 어려운 현실과 고통스러운 상황에서 하나님을 붙들고 나아가는 것, 그리고 그 가운데서 답을 얻는 것은 결코 쉬운 일이 아닙니다. 하나님보다 우리가 겪는 문제와 고통 자체에 마음이 빠져들게 되기 때문입니다. 이런 모습을 주변에서 흔히 볼 수 있습니다. 많은 사람이 '왜 내가 이런 고통을 겪어야 하는가? 왜 내가 이런 상황과 관계 문제에 처하게 되었는가?'에 골몰합니다.

게다가 악과 고통 가운데 있을 때 우리는 사탄의 방해를 크게 받습니다. 사탄은 우리가 고통 가운데 있을 때 하나님께 나아가 하나님을 붙드는 대신, 하나님을 불신하도록 다양하게 역사합니다. '하나님이 계신다면 이럴 수 없다. 이런 고통을 겪게 하시는 하나님은 선하실 수 없다. 하나님이 나를 사랑하신다면 이럴 수 없다. 모든 것을 잃어버리고 모든 것이 끝나 버린 이런 마당에 하나님도 의미가 없다'라는 식의 불신앙적인 생각을 불러일으키고 하나님과 우리 사이의 관계를 의심케 하여 어떻게든 우리의 마음을 하나님에게서 멀어지게 합니다. 우리의 믿음을 무의미한 종교적인 신념 정도로 생각하게 만드는 것입니다. 특별히 욥의 아내처럼 가까운 사람들의 입을 통해 우리 마음을 충동하기도 합니다.

그러나 우리는 성경이 우리에게 고통에 대해 말해 주는 단순한 사실을 붙들어야 합니다. 하나님으로부터, 하나님과의 교통 속에서 답을 얻고자 해야 합니다. 하나님은 우리에게 이렇게 말씀하십니다.

"일을 행하시는 여호와, 그것을 만들며 성취하시는 여호와, 그의 이름을 여호와라 하는 이가 이와 같이 이르시도다 너는 내게 부르짖으라 내가 네게 응답하겠고 네가 알지 못하는 크고 은밀한 일을 네게 보이리라"(렘 33:2-3).

하나님은 이 말씀대로 우리가 고통 속에서 하나님께 부르짖을 때 하나님 자신을 생생하게 나타내십니다. 욥이나 하박국이나 시편 기자들이 그러했듯이 하나님으로부터 답을 얻고자 하나님께 부르짖는 자들은 우리가 알지 못하는 크고 은밀한 일, 그 무엇보다 놀라운 하나님의 현존을 경험했습니다. 하박국처럼 다른 모든 것이 없어도 여호와로 인하여서 즐거워하는 경험과 고백을 할 수 있습니다.

신자에게는 이런 비밀이 있습니다. 그러므로 큰 고통과 힘든 현실이 있더라도 우리의 모든 환경, 관계, 문제를 아시고 주관하시는 하나님, 그 가운데서 우리가 생각하지 못한 일을 행하시며 선하신 뜻을 이루시는 하나님을 기억합시다. 우리의 아픔과 소용돌이치는 감정까지 하나님께 아뢰며 끝까지 하나님을 붙듭시다.

하나님은 그분의 말씀으로 악과 고통이 있는 이 세상에서 숨 쉴 수 있고 소망과 위로를 얻을 수 있는 길을 우리에게 알려 주셨습니다. 우리의 영혼이 만족할 수 있는 길을 말씀을 통해 나타내 주셨습니다. 하나님은 그만큼 우리와 교통하기를 원하십니다. 하나님과 우리의 관계는 형식적이거나 기계적인 관계가 아닙니다. 하나님은 우리와 친밀한 교통 속에서 우리에게 답을 주고 싶어 하십니다. 하박국과 욥처럼 고통 속에서도 끝까지 하나님 안에서 답을 얻으려고 해야 하는 이유는 바로 그런 하나님께 있습니다.

고통 속에 있는 당사자가 잠시 하나님을 못 볼 수는 있어도, 하나님은 반드시 우리가 겪는 고통 가운데 계십니다. 하박국서와 욥기는 바로 이 사실을 우리에게 분명하게 말해 줍니다. 성경의 하나님은 우리의 고통 가운데서 일을 행하시는 여호와이십니다.

우리가 겪는 악과 고통은 그것으로 끝나지 않습니다. 하나님의 백성 된 우리는 반드시 그 가운데 계시는 하나님을 보게 될 것입니다. 우리는 우리가 겪는 모든 상황의 주권자로서 우리가 알지 못하는 일을 행하시며, 결국 자신의 선하신 뜻을 이루시는 하나님을 보게 될 것입니다.

달리 말하면, 하나님은 악과 고통 속에서도 영원을 위한 인도자로 계십니다. 잠깐 우리의 인도자가 되시는 것이 아니라, 영원을 위한 인도자로 계십니다. 우리는 결국 그 사실을 알게 될 것입니다. 고통 중에서도 끝까지 하나님을 찾는 자는 하나님의 하나님 되심을 확인하게 될 것입니다. 이와 같은 믿음을 가지십시오.

하나님은 사람인 우리를 위하신다

우리는 인간입니다. 고통 중에 동요합니다. 흔들립니다. 사람은 누구나 예외 없습니다. 하나님이 인정하신 욥도 그러했고, 선지자 하박국도 그랬습니다. 그것이 인간입니다. 성경은 그런 인간의 모습을 있는 그대로 보여 줍니다. 그리고 그런 우리가 고통 속에서 답을 찾을 수 있도록 길까지 제시해 놓았습니다. 성경은 우리에게 하나님을 배제하지 말라고 말해 줍니다. 고통 가운데 있는 인간에게 다른 더 나은 길은 없기 때문입니다.

어떤 사람들은 어지간한 고통은 견뎌 낼 수 있는 인내심이 있다고

자부할지도 모릅니다. 그러나 비록 작은 고통이라고 할지라도 우리는 그것을 하나님 앞에 가지고 나아가는 습관을 길러야 합니다. 그 가운데 하나님과의 교통 속에서 하나님이 우리의 영원한 인도자이시라는 사실을 발견하며 알아 가야 합니다. 그것이 안 되면 우리가 경험해 보지 못한 큰 고통 앞에 서게 될 때 상당한 어려움을 겪을 수 있습니다.

하나님은 하나님과의 교통 속에서 답을 얻고자 하는 자를 기뻐하시며 붙드십니다. 그러므로 하나님이 우리를 위해 계시로 알려 주신 이 길을 가십시오. 우리의 삶과 고통에서 하나님을 배제하지 마십시오. 우리는 신자가 큰 고통이 없는 일반적인 상황에서 하나님의 말씀과 은혜의 방편에서 멀어질 때 삶이 무너지는 모습을 보곤 합니다. 하물며 고통 가운데서 하나님을 찾지 않는다면 어떻겠습니까? 영적으로 한 번 무너진 사람은 쉽게 회복되기 어렵습니다. 고통 가운데서는 더욱 그렇습니다.

그러므로 우리는 현재의 작은 고통부터 하나님 앞에 가지고 나아가야 합니다. '나는 지금 가정에 큰 문제가 없고, 사랑하는 배우자와 자녀들과 행복하다. 굳이 하나님을 찾아야 할 이유를 모르겠다'라고 생각할지 모르겠습니다. 그러나 작은 고통이라도 그것을 가지고 하나님 앞으로 나아가십시오. 지금부터 자신의 삶이 하나님을 배제하지 않는 삶이 되게 하십시오.

종교적인 외형을 갖는 것만으로는 충분하지 않습니다. 아무리 교회에 열심히 다니고 기도를 해왔더라도 삶의 모든 문제 가운데서 하나님을 찾고 하나님께 나아가지 않는 사람은 고통이 극심할 때 그 중심이 하나님을 배제하는 쪽으로 향하게 됩니다. 그렇게 되지 않게 해야 합니다. 어떤 고통 중에라도 하나님만큼은 놓지 말아야 합니다.

 생각해 보십시오. 하나님을 떠나고 하나님에게서 멀어지는 것만큼 인간을 비참하게 하는 것이 무엇이 있을까요? 우리는 주님 앞에 갈 때까지도 그렇고, 현재 시제에서도 악과 고통 속에서 살고 있습니다. 하지만 우리는 악과 고통 속에 있는 자들을 위해 하나님이 말씀을 통해 주신 살길을 구해야 합니다.

 이해할 수 없는 경험을 하거든 하나님 앞에 나아가십시오. 하나님 앞에서 절규하십시오. 고통 속에서 하나님이 주시는 답을 찾게 될 것입니다. 하나님이 분명히 응답하십니다. 이 땅의 악과 고통은 우리의 신앙을 변질시키는 세상의 주요한 도구입니다. 하지만 성경은 예수님을 믿는 우리를 위해 견딜 길을 미리 제시해 주었습니다. 우리 모두 이 말씀을 힘입어 믿음을 끝까지 지킬 수 있기를 바랍니다.

"아담에게 이르시되 네가 네 아내의 말을 듣고 내가 네게 먹지 말라 한 나무의 열매를 먹었은즉 땅은 너로 말미암아 저주를 받고 너는 네 평생에 수고하여야 그 소산을 먹으리라 땅이 네게 가시덤불과 엉겅퀴를 낼 것이라 네가 먹을 것은 밭의 채소인즉 네가 흙으로 돌아갈 때까지 얼굴에 땀을 흘려야 먹을 것을 먹으리니 네가 그것에서 취함을 입었음이라 너는 흙이니 흙으로 돌아갈 것이니라 하시니라"(창 3:17-19).

03

의문
하나님은
어디에 계시는가?

분명한 악의 본질

이 세상에 악과 고통이 있게 된 배경에는 아담의 타락이 있습니다. 아담의 죄로 인해 하나님은 저주를 내리셨습니다.

하와에게는 임신하는 고통을 더하시고 남편의 다스림을 받게 될 것이라고 선언하셨습니다. 또 하나님은 땅을 저주하시며, 아담에게는 땀 흘려 수고를 해야 먹을 것을 얻게 될 것이라고 말씀하셨습니다. 땅이 내는 가시덤불과 엉겅퀴, 곧 자연의 질서와 조화가 깨짐으로 말미암아 겪게 될 고통을 말씀하신 것입니다. 그리고 마침내는 흙으로 돌아가는 죽음이라는 끔찍한 고통을 말씀하셨습니다.

이 세상에 있는 악의 본질은 이런 배경 위에서만 바르게 이해될 수 있습니다. 악은 단순히 특정 사람에게 해로움이나 불쾌감을 주는 정도로 설명될 수 없습니다. 악은 그렇게 상대적이지 않고, 하나님과 관련이 있습니다. 하나님을 제외한 채 악을 설명할 수 없다는 뜻입니다. 죄와 의도 마찬가지입니다.

아담의 죄는 기본적으로 사탄의 유혹에 넘어가 하나님을 하나님으로 인정하지 않은 것입니다. 우리는 바로 여기에서 악의 본질을 보게 됩니다. 하나님을 하나님으로 인정하지 않는 죄가 곧 '도덕적인 악'입니다. 성경은 그런 도덕적인 악으로 인해 땅이 저주를 받고 피조 세계의 질서가 깨어지게 되었음을 말합니다. 이 땅의 온갖 자연재해와 몸의 질병도 도덕적인 악에 대한 저주로 생기게 된 것입니다. 그리고 바로 그런 질병이나 재난 등이 '물리적인 악'입니다.

요컨대 이 땅의 모든 고통은 결국 도덕적인 악, 곧 죄로부터 기인합니다. 하나님을 하나님으로 인정하지 않는 도덕적인 악인 원죄로부터 고통이 있게 되었습니다. 그리하여 생긴 고통에는 자연재해, 사회적인 재해, 개인적인 재해 등이 있습니다. 지진, 홍수, 기근 등은 자연재해입니다. 전쟁, 교통사고, 건물의 붕괴나 테러, 방화, 강간, 살인, 강도 등의 범죄로 인한 고통은 사회적인 재해입니다. 또 사랑하는 사람의 죽음이나 질병, 또 실직이나 정서상의 불안, 시기, 열등감 등으로 인한 고통은 개인적인 차원에서 겪는 고통입니다. 그리고 이 세상에 이런 악과 고통이 있게 된 근본적인 원인은 죄입니다.

불분명한 고통의 인과 관계

그런데 여기서 한 가지 분명히 해야 할 것이 있습니다. 만일 우리가 어떤 자연재해나 사회적인 재해, 개인적인 재해로 인해 고통을 당할 때 그것을 자신이 지은 어떤 죄로 인한 것이라고 특정할 수 있는가 하는 것입니다.

우리는 욥의 경우만 보더라도 그렇지 않다는 사실을 알 수 있습니다. 욥은 자연재해를 당하고, 노략질을 당하고, 자녀들을 모두 잃고, 질병에 걸렸습니다. 그러나 그것은 그 사람의 죄악 때문이 아니었습니다. 그러므로 우리가 개인적으로 겪는 모든 물리적인 악이 우리 개개인의 도덕적인 악 때문이라고 할 수는 없습니다.

여기서 우리는 혼란을 느끼게 됩니다. 욥과 같이 신실한 자의 고통, 오직 주의 복음을 위해서 힘쓰던 사도 바울 같은 사람에게 있었던 육체의 가시와 수많은 고난은 그들 자신의 도덕적인 악에 상응하여 있는 것이 아니기 때문입니다. 우리 주변에 주님을 진실하게 믿는 사람들과 그의 가정이 당하는 이해하기 힘든 사고와 재난도 마찬가지입니다. 이와 같은 일이 우리에게도 있을 수 있습니다. 하나님을 신실하게 의지하는 우리에게 좀처럼 벗어나기 힘든 고난이 있을 수 있고, 심지어 계속될 수도 있다는 것입니다. 이런 일은 분명 우리를 난처하게 만들고 크게 흔들리게 합니다.

욥 역시 자기에게 연속적으로 닥친 물리적인 악들에 엄청난 충격을 받았습니다. 욥은 자신을 위로하겠다고 찾아온 친구들과 함께 있으면서 7일 동안 말을 하지 않았습니다(욥 2:13). 그럴 만큼 욥의 상황은 비참했습니다. 우리는 자녀 하나를 잃어도 정신이 나갑니다. 그런데 욥은 모든 자식이 다 죽었고 전 재산을 잃었습니다. 그것으로 끝나지 않았습니다. 마지막 남은 몸은 죽고 싶을 정도로 괴로운 가려움증에 시달렸습니다. 아토피가 심한 사람들은 밤새 잠을 못 자며 긁습니다. 그런데 욥은 그 이상이었습니다.

성경에 욥의 증상을 표현한 말들을 주의하여 살펴보십시오. 모든 부위에 퍼지는 심한 피부염이 점점 그의 피부를 벗겨지게 했고, 몸에 난 혹들이 여기저기서 터지며 고름이 흐르고 가려움증에 시달렸습니다. F. I. 앤더슨(F. I. Anderson)이라는 학자는 이로 인한 합병증으로 거식증, 여윔, 열병, 우울증 발작, 울음, 불면증, 악몽, 악취에 가까운 입 냄새, 쇠하는 시력, 썩어 가는 이, 초췌한 모습이 나타난다고 했습니다.

"이 모든 것은 심하게 손상된 몸과 견딜 수 없는 아픔에 괴로워하는 흉측한 한 남자의 모습을 떠오르게 한다. 그리고 이는 결국 인간이란 땅의 흙으로 만들어진 육신이라는 점을 처량하게 상기시켜 준다."[1]

욥기 3장에 이르러 욥은 그 극심한 고통 중에 "차라리 태어나지 않았다면 더 좋았을 텐데"라는 절망적인 말을 토해내기 시작했습니다.

성경은 욥이 상실한 마음을 따라 한 말을 적나라하게 알려 줍니다. 마지막 남은 자기 몸까지 망가지고, 고통이 끊이지 않아서 죽음으로라도 고통에서 벗어나고 싶다고 말한 것입니다.

우리는 이따금 빚 독촉 때문이든, 학교나 직장에서 심한 괴롭힘을 당해서든 고통 때문에 자살을 택한 사람들의 이야기를 듣습니다. 고통의 압박을 죽음을 통해 해결하고자 한 것입니다. 욥도 그랬습니다. 욥기 3장 26절에서 욥은 "나에게는 평온도 없고 안일도 없고 휴식도 없고 다만 불안만이 있구나"라고 탄식했습니다.

동시에 욥기 3장에서 욥은 '어찌하여'라는 말을 6회나 반복하면서 계속 하나님 앞에서 답을 찾고자 했습니다. 욥의 질문은 '고통이 왜 나에게 닥쳤는가?' 하는 것입니다. 욥은 하나님이 의인의 울타리가 되어 주신다고 믿었습니다. 그런데 하나님은 오히려 견디기 어려운 고통 속으로 자신을 몰아넣으셨습니다. 욥은 그 이유를 반복해서 물었습니다. 이것은 신자들이 고통 중에 있을 때 일반적으로 취하는 태도이기도 합니다.

우리가 고통 속에 있을 때 하나님은 어디에 계시는가

그런데 욥이 고통당할 때 그가 보지 못한 것이 있었습니다. 그것은 욥기 1장에서 보듯이, 하나님이 사탄에게 한계를 정하심으로써 욥의 울타리가 되어 주셨다는 사실입니다. 우리는 고통을 당할 때 자신의 시각에서 모든 것을 바라봅니다.

하지만 우리의 시각에서는 보지 못하는 영역이 있습니다. 욥에게는 하나님이 계속 그의 울타리가 되어 주고 계신다는 사실이 보이지 않았습니다. 우리 또한 심한 고통 중에 있을 때, 하나님이 하나님의 백성 된 나의 울타리가 되어 주지 않으시고 보호해 주지 않으시는 것처럼 느낍니다. 하나님이 울타리가 되어 주시는 것을 못 봅니다. 우리의 시각에 갇혀 하나님을 판단합니다.

욥기를 통해서 보듯, 하나님은 욥이 보지 못할 때도 여전히 욥의 울타리가 되어 주고 계셨습니다. 사탄에게 한계를 정하여 그의 생명을 건드리지 못하도록 하셨습니다. 그런데도 욥은 도리어 스스로 죽기를 원했습니다. 울타리가 없다고 단정하고 죽고 싶다고 했습니다. 그러나 하나님은 그런 순간에도 우리의 생명을 지키시며, 울타리가 되어 주십니다. 우리가 살아 있다는 것 자체가 그냥 있는 일이 아닙니다. 현재 시제로 하나님이 생명을 보존해 주고 계시기 때문에 가능한 일입니다. 이 사실을 중대하게 여겨야 합니다.

하지만 여기서 많은 신자가 죄를 범합니다. 자식을 잃든지, 재산을 잃든지, 건강을 잃든지, 뭔가를 상실할 때 하나님이 보호하지 않으신다고 생각하며 죽고 싶다고 합니다. 잘못된 생각입니다.

아직 오지 않은 일에 대해서는 우리가 알 수 없습니다. 아직 드러나지 않은 하나님의 뜻까지 속단하는 것은 어리석은 일입니다. 우리가 잃어버린 것에만 집중하며 '인생이 꼬였다. 풀리지 않는다'라고 생각한다면, 하나님이 지금 우리의 생명을 붙들어 주시는 것을 인정하지 않는 것입니다.

물론 욥의 입장에서도 할 말이 많았습니다. 욥은 자신에게 이런 물리적인 악을 초래할 만한 죄가 없다는 것은 알았습니다. 그럼에도 하나님에 의해서 고통당하고 있었습니다. 그것은 욥의 착각이 아니라 사실이었습니다. 욥의 친구들은 욥이 자신의 죄 때문에 징계받은 것이라고 비난했습니다. 그러나 욥기 1장 1절을 보면 우리는 욥이 온전하고 정직하여 하나님을 경외하며 악에서 떠난 자였음을 알 수 있습니다.

이로 인해 욥은 하나님의 공정하심에 대한 혼란을 느꼈습니다. 욥이 보기에 하나님은 자신을 하나님이 세우신 규범에 따라서 다루지 않으시는 것 같았습니다. 욥은 악한 자들에게나 합당한 고통을 의로운 자신이 받고 있는 현실로 인해 하나님의 공평성에 의문을 제기했습니다. '끔찍한 고통과 상실을 가져오는 재앙은 악한 자에게 있어야 하는 것 아닌가? 하나님 앞에서 온전하고 정직한 나에게 닥친 이 악은 도대체 무엇인가?' 의아했습니다.

나름대로 예수님을 잘 믿는 사람들은 무고한 고통을 당할 때 이와 같은 의문을 갖게 됩니다. 제럴드 싯처처럼 신앙생활을 잘하고 있는 사람이 중앙선을 침범한 차에 의해 가족들이 죽는 사고를 당하게 되었을 때도 이와 같은 의문을 가졌습니다. 또 시편 73편 기자도 악인들은 문제없이 잘 사는 것 같은데 하나님 앞에서 진실하게 살고자 하는 의인들이 고통과 시련을 겪는 것에 의문을 갖고 하나님께 따지듯 물었습니다.

고통, 의문, 혼란, 좌절…

이런 의문의 기저에는 "사람은 뿌린 대로 거둔다", 우리 식으로 말하면 "콩 심은 데 콩 나고 팥 심은 데 팥 난다"라는 논리가 있습니다. 이러한 논리는 우리가 정의에 대해 생각할 때 매우 크게 작용합니다.

그러나 하나님의 세계에서는 이 논리가 적용되지 않는 부분이 있습니다. 이 논리가 적용되는 일반은총의 영역 또는 자연은총의 영역이 있지만, 하나님의 세계에는 은혜의 영역도 있습니다. 은혜의 영역에서는 자격이 안 되는 자를 은혜로 받아 주시는 일이 있습니다. 팥을 안 심었는데도 팥이 나는 이해할 수 없는 결론을 하나님의 은혜로 경험하는 일이 있습니다. 반대로 팥을 심어도 팥이 안 날 수도 있습니다.

우리는 하나님을 일반은총의 세계 안에 있는 법칙에 가둘 수 없습니다. 고통을 당하거나 어떤 평안 가운데 있을 때 우리는 '그에 합당한 무언가가 있기 때문이다'라는 논리로만 현실을 이해해서는 안 됩니다. 그런데도 고통 가운데 있을 때는 흔히 그런 논리에 빠져들고 갈 합니다. 그리고 원인이 무엇인지를 따집니다. 물론 '이유라도 알면' 덜 아프거나 더 인내할 수 있을 것이라고는 생각합니다.

그러나 이런 논리로 의문을 제기했던 욥은 아무리 생각해도 자기 자녀들이 몰살하고 그 많던 재물이 순식간에 사라진 이유, 또 자기 몸에 생긴 질병의 적절한 이유를 찾을 수 없었습니다. 이 때문에 욥은 왜 주께서 자신을 태어나게 하셨는지까지 물었습니다.

"주께서 나를 태에서 나오게 하셨음은 어찌함이니이까"(욥 10:18).

그러나 욥은 하나님이 이런 고통을 주신 이유도, 결국 이렇게 고통당할 인생으로 태어나게 하신 이유도 도저히 알 수 없었습니다. 그리고 그로 인해 점점 더 깊은 혼란과 환멸에 빠져들어 갔습니다.

더욱이 하나님 편에서의 대답은 없는데 자기를 위로하러 온 친구들은 계속 자신을 더욱 괴롭게 했습니다. 욥이 고통의 이유를 알 수 없어 괴로워할 때 그의 친구들은 욥이 고통당하는 이유에 대한 답을 이미 내렸습니다. 욥의 죄가 고통의 이유라는 것입니다. 그들의 말로 인해 욥은 더 큰 고통을 겪었습니다.

고통당하는 자를 위로한다는 명목으로 성경 지식이나 교리를 쉽게 내뱉는 것은 이런 결과를 초래할 수 있습니다. 욥기를 통해 보듯, 고통의 문제에는 우리가 알지 못하는 영역이 있습니다. 우리의 얕은 지식을 대입해서 설명하기 어려운 비밀스러운 영역이 있습니다. 욥의 친구들이 내뱉은 경솔한 말은 욥을 더 힘들게 할 뿐이었습니다.

친구들의 비난과 하나님의 침묵으로 인해 욥은 질문과 더불어 불평도 하게 됩니다. 욥은 "내가 내 입을 금하지 아니하고 내 영혼의 아픔 때문에 말하며 내 마음의 괴로움 때문에 불평하리이다"(욥 7:11), "오늘도 내게 반항하는 마음과 근심이 있나니"(욥 23:2)라고 말했습니다.

또 그는 자신의 좌절감을 "내가 폭행을 당한다고 부르짖으나 응답이 없고 도움을 간구하였으나 정의가 없구나"(욥 19:7)라고 표현하기도 했습니다. "정의가 없다", "공의가 사라졌다"고 말한 것입니다. 심지어 그는 하나님이 자신의 정당함을 물리치셨다고까지 말했습니다(욥 27:2).

침묵하시는 하나님을 향한 욥의 항변과 그의 신실함

욥은 마치 재판정에서 항변하듯 말했습니다. 법정에서 하나님과 마주 대하며 말하는 듯 자신의 고통은 오직 악한 자에게나 합당한 것이 아니냐고 따졌습니다. 욥은 자신의 고통이 하나님을 분노케 할 만큼 큰 죄를 지었기 때문이라고 고소하는 친구들에 맞서 자신의 의로움을 변호했습니다. 자신의 억울함을 토로하며 재판장이신 하나님께 직접 판결을 요구했습니다.

"너희 아는 것을 나도 아노니 너희만 못하지 않으니라 참으로 나는 전능자에게 말씀하려 하며 하나님과 변론하려 하노라"(욥 13:2-3).

"그리하시고 주는 나를 부르소서 내가 대답하리이다"(욥 13:22).

욥은 "나의 죄악이 얼마나 많으니이까 나의 허물과 죄를 내게 알게 하옵소서"(욥 13:23) 하며 하나님께 자신이 겪는 고통을 불러온 죄의 목록을 요구했습니다. 욥은 자신이 하나님의 법정에 설 것을 생각했습니다.

"거기서는 정직한 자가 그와 변론할 수 있은즉 내가 심판자에게서 영원히 벗어나리라"(욥 23:7).

이 재판정에서 하나님은 욥을 고소하는 고소인이 아니십니다. 욥을 고소하는 자는 사탄입니다. 그로 인해 욥은 시험을 당하는 중에 있습니다. 하나님은 그 앞에 판결하는 자로 계십니다. 여기서 중요한 것은 욥이 이런 상태에 있을 때 하나님이 무엇을 보고 계시는가입니다. 하나님이 욥을 사탄의 시험에 넘겨주실 때 욥에게 무엇을 기대하셨는가입니다. 그것은 다름 아닌 하나님 앞에서의 신실함입니다.

하나님은 욥에게 완전무결함을 기대하지 않으셨습니다. 하나님은 우리의 완벽함을 찾지 않으십니다. 하나님은 믿음으로 자신을 찾는 자를 찾으시며, 하나님 앞에서 신실한 자를 찾으십니다. 그리고 욥은 그 극심한 고통 속에서 결국 하나님의 말씀을 깊이 마음에 두고 그분의 명령을 지키는 자로 남았습니다. 욥은 견디기 힘든 고통을 당하면서도 하나님을 찾았고 하나님의 손에, 하나님의 아심에, 하나님의 판결에 자신을 맡겼습니다. 이것이 우리가 욥기에서 주목해야 할 사실입니다.

욥은 "그러나 내가 가는 길을 그가 아시나니 그가 나를 단련하신 후에는 내가 순금같이 되어 나오리라 내 발이 그의 걸음을 바로 따랐으며 내가 그의 길을 지켜 치우치지 아니하였고 내가 그의 입술의 명령을 어기지 아니하고 정한 음식보다 그의 입의 말씀을 귀히 여겼도다" (욥 23:10-12)라고 고백했습니다. 욥은 자신이 하나님의 교훈을 받지 않았다는 엘리바스의 말을 반박하며 자신은 하나님의 명령을 어기지 아니하였고 오히려 음식보다도 더 하나님의 말씀을 사랑하며 마음에 간직했다고 말했습니다.

다만 욥을 괴롭게 한 것은 지금 그가 하나님을 발견할 수 없다는 사실이었습니다. 욥은 고통 가운데 하나님을 찾았지만, 하나님을 뵐 수 없는 것 같았습니다.

> "그런데 내가 앞으로 가도 그가 아니 계시고 뒤로 가도 보이지 아니하며 그가 왼쪽에서 일하시나 내가 만날 수 없고 그가 오른쪽으로 돌이키시나 뵈올 수 없구나"(욥 23:8-9).

  욥은 하나님을 부인하거나 부정하지 않았습니다. 오히려 간절히 하나님을 찾았습니다. 고통 중에 하나님을 찾음에도 불구하고 하나님이 보이지 않고, 하나님이 대답하지 않으시자 당황하고 좌절했습니다.

  이것은 하나님밖에는 붙들 수 없는 신자들에게 큰 절망을 느끼게 하는 시험입니다. 하나님을 찾고 의지하는 자에게 하나님이 얼마나 절대적인 분이십니까. 신자가 고통을 겪을 때 의지할 분은 오직 하나님뿐이십니다. 우리가 고통 중에 위로를 얻을 분도 하나님이시요, 납득할 수 없는 현실에 탄식하며 호소할 곳도 하나님의 존전뿐입니다. 그런데 그런 하나님이 아무 반응도 없으신 듯할 때 우리는 흔들릴 수 있습니다.

  욥은 하나님의 침묵에도 하나님을 부정하거나 하나님을 떠나지 않았습니다. 그는 끝까지 하나님을 찾고 자신의 답답함을 하나님께 호소했습니다. 하나님이 어찌하여 심판하시는 때를 정해 두지 않으셨는지 물으며 하나님을 찾았습니다(욥 24:1). 가난한 자가 억압을 당하고 굶주릴 때 하나님이 그들의 참상을 보지 않으시고 침묵하신다며(욥 24:2-17) 가슴을 찢듯이 하나님을 찾았습니다.

욥은 지금 하나님이 침묵하시더라도 결국 모든 악을 이기시리라는 믿음을 놓지 않았습니다(욥 24:18-25). 다만 하나님이 왜 지금 정의를 행하지 않으시는지를 물으며 절규했습니다. 욥은 끝까지 하나님의 법정에 자신을 맡겼습니다.

"내 장막 사람들은 주인의 고기에 배부르지 않은 자가 어디 있느뇨 하지 아니하였는가 실상은 나그네가 거리에서 자지 아니하도록 나는 행인에게 내 문을 열어 주었노라 내가 언제 다른 사람처럼 내 악행을 숨긴 일이 있거나 나의 죄악을 나의 품에 감추었으며 내가 언제 큰 무리와 여러 종족의 수모가 두려워서 대문 밖으로 나가지 못하고 잠잠하였던가 누구든지 나의 변명을 들어 다오 나의 서명이 여기 있으니 전능자가 내게 대답하시기를 바라노라 나를 고발하는 자가 있다면 그에게 고소장을 쓰게 하라 내가 그것을 어깨에 메기도 하고 왕관처럼 머리에 쓰기도 하리라 내 걸음의 수효를 그에게 알리고 왕족처럼 그를 가까이하였으리라"(욥 31:31-37).

시험의 본질

욥은 욥기 29장에서 자신이 받은 복부터 시작하여 30장에서 모든 고통으로 뒤바뀐 일을 말한 뒤에 하나님의 판결을 구했습니다. 자신에 대한 고소가 무혐의인 것을 하나님이 선언해 주시기를 바란 것입니다.

이렇게 고통 중에 하나님 앞에 씨름하는 욥의 모습은 우리의 현실과 무관하지 않습니다. 우리도 고통 가운데 있을 때 온갖 생각을 하게 됩니다. '하나님이 나를 버리신 것이 아닌가' 하는 생각과 그로 인한 비통한 감정, 죽고 싶다는 충동과 여러 불평이 일어납니다. 이전에 누리던 행복으로 돌아갈 희망도 사라지고, 자신의 꿈과 계획도 더 이상 의미가 없어진 듯한 상실감에 사로잡힙니다. 모든 고통에서 놓임 받고자 무덤을 원하게 되기까지 합니다.

그럼에도 욥은 하나님을 의뢰했습니다. 이것이 그의 인내였습니다. 야고보서 5장에서는 욥을 인내의 모범으로 말합니다(약 5:11). 어떤 사람은 이 야고보서 말씀을 의아하게 생각할 수도 있습니다. 욥의 비난, 절망, 또 기쁨을 잃어버린 상태가 믿음의 사람에게 합당한지를 물을 수도 있습니다.

하지만 여기서 중요한 것은 욥이 그렇게 몸부림치면서도 하나님을 찾고 하나님께 자신을 맡기려 했다는 사실입니다. 욥의 아내는 "하나님을 욕하고 죽으라"(욥 2:9)고 말했습니다. 우리가 보기에 욥의 상황에서는 그것이 가장 현실적인 결론처럼 여겨집니다. 하지만 욥은 그렇게 하지 않았습니다. 그 후 욥이 보인 모든 몸부림은 자신이 그렇게 할 수 없다는 대답과 같았습니다.

우리는 욥의 아내가 한 말에서 시험의 본질을 봅니다. 우리가 고통 가운데 당하는 시험의 본질도 이와 같습니다. 지금 고통스러운 현실 속에 도움이 되지 못하고 모든 의문에 대한 답을 주지 못하는 하나님이시라면 그런 하나님을 찾고 부르짖는 믿음이 무슨 의미가 있느냐는 것입니다. 그런 의미 없는 신실함 따위는 버리라는 것입니다. 이것이 바로 사탄이 우리를 충동하는 바입니다.

하나님이 고통 중에 있는 나를 도우신다는 증거가 없을 때 우리는 우리의 소중한 것들을 모두 버리고 싶은 충동을 느낍니다. 우리의 생명, 신실함, 하나님까지…. 그 소중한 것이 우리를 더욱 비참하게 만드는 것처럼 느껴지기까지 합니다. '과연 이렇게 절망스러운 처지에서도 하나님에 대한 경외를 지킬 것인가?' 하는 것이 욥기가 말하는 시험의 본질입니다. 우리의 실존에 경험되는 시험의 본질입니다.

이런 시험 중에 욥은 절망과 분노와 의심과 공포 사이에서 동요하면서도 하나님에 대한 신뢰를 버리지 않았습니다. 그는 마지막까지 하나님 앞에 자신의 신실함을 호소했습니다. 친구들이 욥의 신실함을 부정했고, 욥의 아내는 그 신실함 따위는 내던지라고 했지만, 욥은 그렇게 하지 않았습니다. 오히려 끝까지 하나님께 자신이 하나님을 찾는 자이며, 하나님의 하나님 되심을 의지하고 있음을 호소했습니다.

우리는 비록 욥 정도는 아니더라도 나름대로 악과 고통을 경험하는 삶 속에서 믿음의 시험을 당합니다. 과거의 경험 속에서 또는 현재의 경험 속에서 욥의 아내가 던진 시험의 본질에 직면하기도 합니다. 그러므로 우리는 다음과 같은 질문에 스스로를 비추어 보아야 합니다.

"시험에 직면할 때 감정의 소용돌이와 혼란스러움을 호소할망정 욥처럼 끝까지 하나님을 찾는 신실성만큼은 확고한가? 당장 우리 눈에 신뢰할 만한 증거나 도움의 흔적이 보이지 않아도 여전히 하나님은 부인할 수 없이 끝까지 믿고 신뢰할 분이신가?"

이에 대한 결론적인 대답이 우리를 왼편과 오른편으로 나누어지게 할 수 있습니다.

시험을 이기는 신자의 신앙

욥기는 고통과 시험을 통과하며 욥이 갖게 되었던 의문과 혼란, 좌절 등을 적나라하게 보여 줍니다. 그뿐만 아니라 그 가운데서도 끝까지 하나님을 찾은 욥의 신실함도 보여 줍니다. 이로써 하나님은 우리에게 무엇보다 하나님 자신에 대해 말씀해 주십니다. 하나님은 현실만을 가지고 판단할 수 없는 분이시라는 사실을 가르치십니다.

우리는 자주 현실에 갇혀 현실만을 가지고 하나님을 판단합니다. 그리고 사탄은 그런 우리를 계속해서 흔듭니다. 바로 우리의 현실을 가지고 하나님을 향한 우리의 믿음을 흔듭니다. 그 가운데 기복신앙을 가진 사람들은 현실의 어려움을 견디지 못합니다.

그러나 욥은 눈앞의 고통스러운 상황이 나아질 것 같지 않고 물질적으로, 신체적으로, 감정적으로 파산해 버린 상황에서도 하나님께 호소했습니다. 욥의 하나님은 그만큼 욥에게 절대적인 분이셨습니다. 마지막 호흡만 남은 것 같은 상황에서도 그는 하나님을 놓지 않고 하나님을 찾으며 하나님의 법정에 호소했습니다.

우리는 저마다 삶에서 경험하는 고통의 정도가 다릅니다. 하지만 고통 중에 직면하는 시험의 본질은 다르지 않습니다. 이 시험은 우리를 '욥처럼' 하나님의 하나님 되심을 끝까지 붙드는 것과 '욥 아내의 말처럼' 당장의 현실에 무의미해 보이는 하나님을 저버리고 신실함을 놓아 버리는 것, 이 양 갈래 길 앞에 서게 합니다. 우리는 이 시험을 이겨야 합니다. 욥처럼 끝까지 하나님께 신뢰를 두어 신실함을 지켜야 합니다.

성경은 욥의 믿음을 들어 그것이 진실한 신자의 믿음이라는 사실을 말해 줍니다. 왜냐하면, 우리가 믿는 하나님이 그만큼 크신 하나님이시기 때문입니다. 하나님은 당장 우리가 처한 현실로 판단되실 수 없는 분이십니다. 하나님은 우리에게 호흡을 주신 분이시며, 우리가 다 기억하지 못하는 우리의 시작에서부터 아직 우리가 알지 못하는 우리의 결론까지 주장하는 분이십니다. 신자는 그러하신 하나님을 아는 자입니다.

신실한 신앙은 우리가 살든지, 죽든지, 오직 호흡만 남은 상태라 해도 우리의 주권자이신 하나님의 선하심을 신뢰하고 의지하는 것입니다. 눈앞의 상황보다 하나님이 더 큰 현실이라는 사실을 믿음으로 인정하는 것입니다. 그런데 이와 같은 믿음은 큰 고통에 처할 때 갑자기 나올 수 없습니다. 일상의 작은 어려움과 아픔들, 순간순간 지치고 힘든 현실을 만날 때부터 이러한 신실함을 가져야 합니다. 그러한 사람이 큰 고통 속에서도 욥처럼 하나님을 찾을 수 있습니다.

그러니 우리가 지금 경험하는 크고 작은 고통보다 더 큰 복이신 하나님, 우리의 영원한 구속자이신 하나님을 붙드는 믿음 위에 우리 자신을 세웁시다. 작은 고통을 경험할 때부터 하나님이 우리에게 얼마나 절대적인 분이신지를 인정하는 신실함을 견지합시다. 주님이 우리를 믿음의 길로 인도하여 주시길 구합시다.

"그때에 여호와께서 폭풍우 가운데에서 욥에게 말씀하여 이르시되 무지한 말로 생각을 어둡게 하는 자가 누구냐 너는 대장부처럼 허리를 묶고 내가 네게 묻는 것을 대답할지니라 내가 땅의 기초를 놓을 때에 네가 어디 있었느냐 네가 깨달아 알았거든 말할지니라 누가 그것의 도량법을 정하였는지, 누가 그 줄을 그것의 위에 띄웠는지 네가 아느냐 그것의 주추는 무엇 위에 세웠으며 그 모퉁잇돌을 누가 놓았느냐 그때에 새벽 별들이 기뻐 노래하며 하나님의 아들들이 다 기뻐 소리를 질렀느니라"(욥 38:1-7).

04

사랑
하나님의 지혜와 돌보심

마침내 말씀하시는 하나님

욥은 악과 고통을 지독하게 경험하면서도 자신의 신실성을 하나님께 호소하며 하나님의 응답을 구했습니다. 욥기 38-41장에는 이에 대한 하나님의 말씀이 나옵니다. 욥은 친구들과 주고받은 긴 대화 가운데서도 계속 하나님을 찾았지만, 하나님은 침묵하셨습니다. 고통과 불행에서 욥을 건지겠다거나 어느 정도 벗어나게 해줄 테니 조금만 참으라는 메시지도 주지 않으셨습니다. 이것이 욥이 당하는 고통의 깊이를 더하게 했습니다.

사실 욥이 간절히 바란 것은 단순한 고통의 경감이 아니었습니다. 이미 그는 자녀들과 재산을 다 잃고 마지막 남은 몸까지도 견디기 어려운 질병에 시달리고 있었습니다. 하지만 그런 상황에서도 욥은 하나님이 유죄를 선언하신다고 할지라도 일단 하나님으로부터 오는 말씀을 듣기 원했습니다. 자신의 문제와 고통에 대한 해답을 오직 하나님으로부터 얻고자 했습니다. 그 힘든 고통의 시간을 인내하는 동안 이것이 욥의 주된 관심사였습니다.

욥은 하나님을 아는 자요, 하나님의 참 백성으로서 그렇게 고통스러운 상태에서도 "전능자가 내게 대답하시기를 바라노라"(욥 31:35)라고 하며 단도직입적으로 하나님의 말씀을 원했습니다. 그리고 마침내 욥기 후반부에서 하나님이 오랜 침묵을 깨고 말씀하셨습니다. 하나님은 폭풍우 가운데서 욥에게 말씀하셨습니다(욥 38:1, 40:6).

이처럼 하나님이 나타나 말씀하신다는 것은 놀라운 일입니다. 여기서 우리가 우선 눈여겨볼 것은 '하나님이 욥을 어떻게 대하시는가'입니다. 하나님은 많은 의문과 혼란과 절망적인 절규를 토해내던 욥에게 진노를 나타내시기보다 자비와 은총으로 그를 대하셨습니다. 하나님은 수십 가지의 질문을 욥에게 쏟아 놓으셨지만, 그 모든 질문에는 욥을 향한 강력한 사랑이 묻어 있습니다.

욥의 질문과는 다른 하나님의 대답

그런데 여기서 더욱 중요한 것은 '하나님이 욥에게 어떤 내용의 말씀을 하셨는가'입니다. 하나님은 앞서 욥이 했던 질문들에 대해 대답하지 않으셨습니다. 그동안 욥은 하나님 앞에 많은 질문을 쏟아 냈습니다. "어찌하여 하나님은 고난당하는 자들을 태어나게 하셨는가?"(욥 3:20), "어찌하여 하나님은 자기 백성인 나를, 하나님을 신실하게 믿는 나를 과녁으로 삼으시는가?"(욥 7:20), "어찌하여 하나님은 자기 백성이 고통당할 때 자기의 얼굴을 피하시는가?"(욥 13:24), "어찌하여 악인이 번성하는가?"(욥 21:7), "어찌하여 하나님은 심판 때를 정하지 않으시는가?"(욥 24:1) 등의 질문을 던졌습니다.

고난당하는 사람은 욥의 첫 번째 질문과 같은 생각을 가질 수 있습니다. '내가 태어난 것이 고난을 위해서인가?' 하는 의문이 생기게 되는 것입니다. 특별히 나면서부터 장애나 질병을 지니고 태어난 사람들, 지적장애인들, 부모에게 어릴 때 버림받은 사람들은 더욱 이런 의문을 강하게 갖게 됩니다.

그중에서도 하나님의 백성인 경우는 두 번째 질문도 하게 됩니다. 게다가 오랫동안 고통을 당하며 하나님을 찾았음에도 하나님이 침묵하실 때는 세 번째 질문까지 던지게 됩니다. 진실한 신자들조차 하나님이 간절하고 정직한 마음으로 하나님을 찾는 자신에게 침묵하실 때 마음이 무너지곤 합니다. 하나님께 인정받지 못하고 버림받은 듯한 상실감을 느끼는 것입니다.

이런 모든 의문은 욥의 네 번째, 다섯 번째 질문, 곧 하나님의 공평성에 대한 의문으로까지 연결됩니다. 하나님 앞에서 신실하게 사는 신자들의 고난과 어려움에 비하여 하나님을 두려워하지 않고 악을 행하는 이들의 삶이 오히려 더 평안하고 풍족해 보이는 현실을 부조리하게 느끼게 되는 것입니다. 이런 질문들은 우리 모두가 가질 수 있는 의문들입니다.

그런데 하나님은 욥의 이런 질문들에 일일이 답하지 않으셨습니다. 하나님은 욥기 38장 이하에서 욥에게 두 번에 걸쳐 말씀하셨습니다. 그중 첫 번째 말씀(욥 38-39장)의 초점은 우리가 미칠 수 없는 하나님의 초월적인 지혜와 돌보심에 맞추어져 있습니다. 그리고 두 번째 말씀(욥 40-41장)의 주된 내용은 피조물을 다스리시는 하나님의 주권, 특히 피조 세계의 악을 다스리시는 하나님의 주권에 관한 것입니다. 욥의 질문에 대한 직접적인 대답은 아니지만, 하나님은 욥을 위하여 이렇게 말씀하신 것입니다.

우리는 우리가 가진 질문에 우리의 생각을 제한하고 거기에 갇힐 수 있습니다. 하지만 하나님은 우리의 질문들에 제한되지 않으십니다. 고난 중에 있는 우리에게 답이 되는 말씀을 주실 수 있습니다. 하나님이 우리에게 주시는 말씀 가운데 진정한 대답을 듣는 것이 중요합니다.

모든 악에 대한 하나님의 주권

하나님은 욥에게 하신 첫 번째 말씀(욥 38-39장)에서 "내가 땅의 기초를 놓을 때에 네가 어디 있었느냐"(욥 38:4)라고 하시는 등 욥의 유한함과 무지와 대조되는 창조주 하나님의 사역과 역할에 대한 많은 질문을 던지셨습니다. 우주의 창조자와 주권자로서 하나님이 감당하시는 역할에 대해 생각해 보게 하신 것입니다. 이를 통해 하나님은 욥이 지금까지 자신이 알지 못하는 일들에 대해 말해 왔다는 사실을 깨닫게 하셨습니다.

하나님은 "네가 그 모든 것들을 다 알거든 말할지니라"(욥 38:18)라고 말씀하심으로 욥의 한계를 보게 하셨습니다. 욥으로 하여금 자신이 온 세상의 시작과 만물의 운행에 대해 아는 것이 없을 뿐 아니라 그 가운데서의 역할도 먼지처럼 지극히 작을 뿐이라는 사실을 깨닫게 하신 것입니다.

무엇보다 하나님이 욥에게 던지신 그 많은 질문은 하나님의 측량할 수 없는 지혜와 돌보심을 상기시켜 주었습니다. 이것은 그저 자신의 능력을 과시하는 차원에서 하신 말씀이 아니었습니다. 자기의 고통에만 착념하여 시야가 좁아진 욥을 권하여, 일찍이 온 세상을 창조하시고 지금까지도 다스리시는 하나님의 지혜와 돌보심을 헤아려 보게 하신 것입니다. 비록 인간의 무지한 조건에서는 헤아려 보려 해도 다 알 수 없으나, 무한한 하나님의 지혜와 돌보심을 생각해 보라고 하신 것입니다.

또한 하나님은 욥에게 자신이 세계의 기초를 놓고 혼돈의 바다를 통제한다는 것도 말씀하셨습니다. 바다는 멀리서 보기에 잔잔하지만 우리는 그 강력한 힘을 통제할 수 없습니다. 특히 고대인들에게 바다는 통제할 수 없는 혼돈의 영역으로 인식되었습니다.

그러나 하나님은 바다의 경계를 정하시고 다스리시며 온 땅의 동물들과 하늘의 별들을 포함한 모든 피조물의 질서를 경영하십니다. 세상의 모든 악과 죽음의 혼돈을 통제하시며, 우리의 인식 밖에 있는 세상의 영역들까지 돌보고 계십니다.

욥이 계속 의문을 제기했던 문제는 "하나님은 지금 무엇을 하고 계시는가?"였습니다. 욥은 "하나님이 과연 나를 돌보시는가?" 하고 물었습니다. 그에 대하여 하나님은 "모든 세상을 돌본다"라고 말씀하신 것입니다. 하나님은 욥에게도 익숙한 자연에 있는 일들을 말씀하셨습니다. "산 염소가 새끼 치는 때를 네가 아느냐"(욥 39:1)라고 물으셨습니다. 안다면, 피조물들의 세계를 과연 욥이 관리할 수 있는지 물으셨습니다. 그들 모두를 돌보시는 하나님의 방식과 지혜를 알고 있는지 물으셨습니다.

우리는 암사자를 위한 먹이와 까마귀 새끼들의 먹이를 제공할 수 없습니다. 들나귀 새끼들을 길들일 수 없고, 들소로 밭을 갈게 할 수 없고, 말에게 달리는 힘을 줄 수 없고, 매에게 날아오르는 것을 가르칠 수 없고, 독수리가 공중 높은 곳에 보금자리를 만드는 것을 다 정해 주지 못합니다. 우리는 부분적으로만 알며, 그 부분적인 지식조차 결과적인 면에 불과합니다. 그 시작과 과정을 주장하시는 하나님의 모든 경영을 알지 못합니다.

이것이 악과 고통이 있는 이 세상에서 신자 된 우리가 인정해야 할 사실입니다. 이것을 보지 못하면 우리는 고통에만 빠져들게 됩니다. 그러나 하나님은 악과 고통이 있는 세상을 살아가는 우리를 위해 이와 같은 계시를 주셨습니다. 욥은 하나님의 다스리심에 의문을 제기했지만, 하나님은 욥에게 이 세상에 자신의 통제를 벗어난 부분이 없음을 분명하게 말씀해 주신 것입니다.

이어지는 두 번째 말씀(욥 40-41장)을 통해 하나님은 이 세상의 악과 혼돈에 대한 통치로 더욱 범위를 좁혀 욥에게 질문하셨습니다. 하나님은 욥에게 하나님처럼 능력이 있고 하나님처럼 천둥소리를 낼 수 있는지 물으셨으며(욥 40:9), 넘치는 노를 교만한 자들에게 쏟아 그들을 낮추어 보라고, 악한 자들을 그들의 처소에서 짓밟아 보라고 말씀하셨습니다(욥 40:11).

특히 당시 악과 혼돈에 속한 짐승으로 여겨지던 하마와 악어의 강력함을 능히 제어할 이가 없다는 것을 예로 드시며, 하나님만 혼돈과 악을 다스리시고 주관하신다는 사실을 강조하셨습니다.

하나님은 교만한 자를 낮추십니다. 욥을 포함한 모든 사람은 세상의 권세를 가진 교만한 자들을 낮출 수 없습니다. 오직 하나님만 그 일을 하십니다. 하나님은 사람들이 능히 다룰 수 없는 베헤못과 리워야단처럼 교만한 것의 왕과 같은 존재까지 통제하십니다. 하나님은 욥에게 악이 세상을 뒤덮고 혼돈이 땅을 가득 메운 것처럼 보일 때에도 여전히 하나님이 그 모든 것을 통제한다고 말씀하셨습니다. 악과 고통과 혼돈이 있는 세상에 사는 이에게 이 사실을 알게 하시는 것입니다. 우리가 지금 보는 것이 전부가 아니라는 것입니다.

하나님은 욥이 알고 있는 지식에 기초하여 하나님의 하나님 되심을 상기시키셨습니다. 하나님의 다스리심에 의문을 가졌던 욥에게 이 세상의 모든 영역을 하나님이 다스리시고 통제하신다는 사실을 알게 하셨습니다. 욥이 붙들고 씨름했던 악과 지독한 고통의 문제는 난제 중의 난제입니다. 이를 해결하기 위하여 인류가 번민하는 중에 만들어진 종교가 있을 정도입니다. 그리고 하나님은 욥에게 바로 그 대답을 하고 계십니다.

어떤 사람들은 하나님의 이런 말씀이 욥이 제기했던 질문들에 대한 진정한 대답이 될 수 있을지 모르겠다고 할 수도 있습니다. 하나님의 말씀에는 욥의 특별한 상황과 경험에 대해서 이렇다 저렇다 하는 내용이 없습니다. 하나님은 악인들이 번성하고 활개를 칠 때 하나님 앞에 온전하고 정직한 욥이 고통당하는 이유에 관해서는 설명해 주지 않으셨습니다. 그 대신 하나님은 하나님 자신이 어떤 분인지만 말씀하셨습니다. 하나님이 어떤 분인지, 하나님이 온 세상에 대해 어떻게 일하고 있는지를 말씀하셨습니다.

이 세상에는 악과 무질서한 혼돈이 있습니다. 무고하게 고통당하는 이들이 있습니다. 우리도 욥의 입장에 서게 될 수 있습니다. 그 처지에서 생각해 보십시오. 우리는 불의의 사고로 자녀 하나만 잃어도 견디지 못합니다. 재산의 일부만 잃어도 정신을 못 차립니다. 우리 몸의 질병으로 고통을 겪게 되면 다른 생각을 하지 못합니다. 그런데 하나님은 바로 그런 악과 고통의 한가운데 있는 욥에게 대답으로 자신이 어떤 분인지 말씀하셨습니다.

여기서 우리를 놀라게 하는 사실은, 고통 가운데 있던 욥이 하나님의 말씀을 자신을 위한 답으로 수용했다는 것입니다. 욥은 하나님이 악과 혼돈이 있고 의인이 고통당하는 이 세상을 주권적으로 통치하신다는 말씀 앞에 섰습니다.

아니, 하나님이 욥에게 하신 그 긴 말씀의 결론으로서, 악과 고통과 혼돈이 있는 세상을 인간이 다 헤아리지 못하는 지혜와 능력으로 하나님이 통치하고 있는 것을 믿느냐는 질문 앞에 그를 세우셨습니다. '지금 처절한 고통 가운데 있더라도 그 하나님을 신뢰할 수 있느냐', '하나님이 피조 세계와 그 가운데 있는 자기 백성을 다스리며 돌보신다는 사실을 믿느냐'라고 물으신 것입니다.

우리가 알지 못하는 고통의 의미

하나님이 욥에게 하신 이 질문은 오늘을 살아가는 우리와도 무관하지 않습니다. 우리도 이 세상의 다양한 악에 노출되어 때때로 그로 인한 경제적, 육체적, 정신적 고통 등을 겪으며 살아갑니다.

우리는 그러한 세상 속에서 살아가는 신자로서 하나님이 욥에게 하신 질문에 직면하게 됩니다. 이와 같은 세상을 주권적으로 지금도 지혜와 능력으로 다스리시는 하나님을 믿느냐는 질문입니다. 평안할 때 이 질문에 답하는 것은 어렵지 않습니다. 그러나 악이 나의 삶을 집어삼킨 듯한 상황 속에서 고통을 당할 때 하나님이 나의 모든 것을 다스리고 계신다는 것을 믿기는 쉽지 않을 수 있습니다.

우리는 고통 중에서 이 문제와 씨름하게 됩니다. 그리고 욥처럼 고통당할 때 하나님의 선하심을 의심하게 됩니다. 세상의 악과 혼돈, 그리고 그 가운데 있는 신자의 고통을 가만히 보고 계시는 하나님이 과연 선하신가 하는 의심이 생겨납니다. 그럴 때 우리도 욥처럼 생각으로든 입술로든 하나님께 질문하고 비통한 심정을 토로하며 불평하기도 합니다.

중요한 것은 우리가 그런 과정을 지나 하나님이 욥에게 주신 말씀을 대답으로 갖는 것입니다. 자신이 친히 세상을 돌보고, 자신이 하는 일을 친히 알고, 이 모든 과정과 결론에 대한 의도와 뜻을 가지고 있다는 하나님의 말씀을 들어야 합니다.

하나님은 이것을 분명하게 말씀하십니다. 우리가 지금 무엇을 보고 경험하든 하나님이 모든 일을 다 통제하고 돌보고 계십니다. 그리고 자신이 행하는 일들을 다 알고 계십니다. 하나님은 모르지 않으십니다. 하나님은 마귀까지도 통제하시는 분입니다. 하나님은 마귀가 욥의 생명을 건드리지 못하도록 통제하셨습니다.

하나님은 욥에게, 그리고 우리에게 "너는 그러한 나를 신뢰할 수 있느냐?"라고 물으십니다. 혼돈의 바다를 통제하시는 하나님이 내 삶의 혼돈을 다스리고 계심을 신뢰하는지 물으시는 것입니다. "사자와 까마귀를 충분히 먹이는 내가 너를 돌보지 않겠느냐?", "모든 교만한 것의 왕과 같은 짐승을 다스리는 내가 너의 삶 속의 혼돈과 악을 다스리지 않겠느냐?"라고 하십니다.

하나님은 우리 이성이 미치는 영역의 테두리 안에 계시는 분이 아니십니다. 하나님은 자신의 거룩한 목적을 위해서 세상의 혼돈을 다스리시며 온 세상을 돌보시는 초월적인 분이십니다. 악과 고통이 있는 이 세상을 사는 우리에게도 하나님의 통치와 주권이 미칩니다. 하나님은 욥에게 이것을 말씀하시며 신뢰할 수 있느냐고, 아니 신뢰하라고 말씀하십니다. 욥은 하나님의 말씀을 충분하다고 여기며 자신의 무지를 시인했습니다. 세상에는 자신이 이해하기에는 너무 크고 놀라운 일들이 있으며 하나님이 그 모든 것을 다스리신다는 사실을 보게 된 것입니다.

우리의 삶 속에는, 그리고 우리 주변에는 이해 못 할 일들이 많이 있습니다. 그리고 고통을 겪을 때 우리에게 많은 질문이 생겨납니다. 육체의 질병으로 인해서든 사랑하는 대상을 상실한 아픔으로 인해서든 다양한 질문이 생길 수 있습니다. 하지만 우리 질문보다 더 중요한 것이 하나님의 대답입니다. 이것을 잊지 마십시오. 우리의 질문에만 몰두할 것이 아니라, 하나님의 대답에 주목해야 합니다. 그것이 더 중요합니다. 그런 어려움을 겪고 있는 우리의 삶을 다스리고 있다는 하나님의 말씀이 우리를 위한 답입니다.

만일 우리가 이 말씀을 우리를 위한 답으로 여기지 못한다면 그것은 다른 이유 때문이 아닐 것입니다. 여전히 우리가 보고 경험하는 것으로 하나님을 규정하고 있기 때문일 것입니다. 우리의 생각으로, 보는 것으로 하나님의 지혜와 능력을 판단하기 때문일 것입니다.

그러나 하나님의 지혜와 능력은 우리의 경험과 생각으로 헤아리지 못할 만큼 무한합니다. 영원하신 하나님은 전에도 일하셨고, 지금도 일하시며, 앞으로도 자신의 뜻을 이루어 가십니다. 창조하신 하나님이 다스리시며 심판하십니다. 우리는 그 하나님의 통치와 지혜의 전체를 헤아리지 못합니다.

우리는 하나님의 큰 통치와 지혜 가운데 어느 한 점을 지나는 인생을 살아갑니다. 우리는 현재 우리가 겪는 일들이 하나님의 큰 경륜 속에서 어떤 의미를 갖는지 다 알지 못합니다. 우리가 당하는 고통의 의미도 아직 다 알 수 없습니다. 물론 고난을 통해 성숙해진다는 부분적인 의미를 깨닫지만, 우리가 깨닫는 것이 전부는 아닙니다. 욥은 하나님의 말씀을 통해 그런 자신의 무지를 깨닫고 인정하게 되었습니다.

우리는 복잡하게 얽혀 있는 불의한 이 세상의 현실이 어느 때에 어떤 사람들과 어떤 식으로 엮여서 어떤 사건과 역사를 만들어 나갈지 알지 못합니다. 다만 우리는 우리가 이해하는 수준을 넘어서 자신의 선하심과 인자하심을 따라 다스리시는 하나님의 주권을 의지할 뿐입니다. 하나님은 욥에게 그것을 말씀하신 것입니다. 그런 결론으로 욥을 이끄셨습니다.

우리가 고통 중에 하나님께 던지는 질문에는 하나님이 우리에게 일일이 설명해 주셔도 다 이해하지 못할 질문도 있습니다. 심지어 우리는 아예 하나님이 답하실 수 없는 질문을 하기도 합니다. C. S. 루이스(C.S.Lewis)의 말대로, 마치 다음과 같은 식의 질문을 하는 것입니다. "1km는 몇 시간인가?" "노란색이 사각형인가, 아니면 원인가?"[1]

명확한 한계를 가진 우리는 의심과 불평 가운데서 대답할 수 없는 질문에 빠져 허우적거리기도 합니다. 우리는 우선 우리에게 시간 속에서 경험하는 일들의 의미를 총체적이고 충분하게 보지 못하는 한계가 있음을 인정해야 합니다.

하나님 앞에 가기 전까지는 우리를 둘러싸고 있는 모든 일의 의미를 알지 못합니다. 세상에 난립해 있는 철학이나 종교들은 우리에게 답을 주지 못합니다. 인간의 이해가 미치지 못하는 하나님의 영역이 있습니다. 앞에서 인용했던 니콜라스 월터스토프는 25세 된 사랑하는 아들을 잃은 후 이런 말을 했습니다.

"왜 고통이 따르는지에 대한 명확한 답은 우리에게 주어지지 않는다. 물론 어떤 고통은 전쟁, 폭행, 풍요 속의 빈곤, 상처 입은 말과 같은 죄의 결과라는 것을 쉽게 알 수 있다. 또 어떤 고통은 징계일지도 모른다. 그러나 전부 그렇지는 않다. 나머지 고통의 의미에 대해서는 아무도 우리에게 말해 주지 않는다. 우리가 이해할 수 있는 의미의 폭도 아주 미미하다. 고통에는 우리의 죄보다 더 큰 무엇인가가 있다."[2]

우리는 고통의 의미를 다 헤아리지 못하는 우리의 한계를 인식하고 우리의 모든 것을 주장하시는 하나님을 보아야 합니다. 하나님이 온 세상의 역사를 무한한 지혜로 주관하시며, 그 가운데서 나의 삶을 돌보신다는 사실을 알고, 그분의 인자하심과 신실하심을 신뢰하는 것이 믿음입니다. 욥은 하나님의 말씀을 고통당하는 자신을 향한 대답으로 듣고 만족했습니다. 믿음으로 그 말씀을 수용한 것입니다.

지금도 침묵하지 않으시는 하나님

우리는 욥과 같이 하나님의 계시로 살아가는 방식을 배워야 합니다. 하나님과 인간의 관계, 그리고 하나님과 이 세상의 관계를 우리의 이성적인 판단이 아닌 하나님의 계시에 의존하여 바라보고 살아가는 방식을 배워야 합니다. 신자는 하나님의 말씀으로, 하나님의 계시로 살아야 합니다. 욥은 하나님이 어떤 분이신지에 대한 계시 앞에서 입술의 불평과 판단하는 말들을 멈췄습니다. 하나님이 어떤 분이신지를 보게 하는 그 말씀만으로 충분하다고 인정한 것입니다.

욥이 보인 것은 다름 아닌 기독교 신앙의 가장 기본이 되는 원칙입니다. 곧 '보는 것'으로가 아니라 '하나님의 말씀을 믿는 믿음'으로 사는 것입니다. "우리는 보는 것으로 행하지 않습니다. 믿음으로 행합니다"(고후 5:7 참조). 욥은 오랜 아픔과 갈등을 지나 결국은 이 결론을 취했습니다.

우리에게 있어야 할 것도 동일합니다. 우리는 우리가 알고 싶은 모든 것을 다 보고 들음으로써 이 세상을 살지 않습니다. 지식과 이해의 한계를 가진 우리 수준에 맞추어 계시하신 하나님의 말씀으로 삽니다. 하나님의 계시 안에서 사는 법을 배워야 하는 것입니다. 고통과 이해하기 어려운 삶의 현실 속에서도 그리해야 합니다.

우리가 고통 가운데 있을 때 우리 안에 일어나는 모든 의문에 대한 설명보다 더 필요하고 중요한 것은 욥에게 주신 것과 같은 하나님의 말씀입니다. 온 세상의 주권자로 계시며 그 가운데 있는 작은 나의 삶까지 다스리시는 하나님을 우리에게 계시하는 말씀입니다. 우리는 그 말씀을 믿는 믿음으로 사는 것입니다. 이것이 악과 고통이 있는 이 세상에서 신자가 살아가는 방식입니다.

하나님은 이와 같은 계시로 우리에게 말씀하십니다. 악과 고통 중에 있는 우리에게 말씀하십니다. 고통 중에 있던 욥에게 나타나 말씀하신 하나님이 고통 가운데 있는 우리에게도 기록된 말씀으로 말씀하십니다.

우리가 악과 고통 가운데서 어찌할 바를 알지 못하며 욥처럼 의문을 쏟아 놓을 때, 하나님은 욥에게 하신 이 말씀(우리에게는 기록된 말씀)으로 우리에게 말씀하십니다. 하나님이 세상의 모든 것, 특히 우리가 당하는 악과 고통까지 주관하시며, 지금 우리가 고난 중에도 살아 있는 것은 하나님이 우리의 울타리가 되어 돌보시기 때문인 줄을 알고 하나님을 신뢰하라고 말씀하십니다.

이와 같은 하나님의 계시의 말씀을 뒤로하면 우리는 믿음으로 살 수 없습니다. 이 말씀에 귀를 닫고 하나님이 우리에게 침묵하신다고 하는 것은 바른 태도가 아닙니다. 이 말씀을 떠나면 우리는 우리를 향한 하나님의 주권과 능력과 인자하심과 지금도 우리를 사랑하시는 마음을 알 수 없고 위로를 얻을 수 없게 됩니다.

그러므로 우리가 고통으로 인해 힘들 때 더욱 계시의 말씀을 가까이해야 합니다. 은혜의 방편으로 나아와야 합니다. 악과 고통을 경험할 때 우리는 계시의 말씀을 통해서 하나님을 의지해야 합니다. 고난 중에 있는 신자는 거기서부터 삶의 실마리를 찾게 됩니다. 고난 가운데 있는 신자가 계시의 말씀을 통해 하나님이 어떤 분이신지 아는 것은 매우 중요하고 결정적인 일입니다.

　우리는 악과 고통 가운데 있을 때 하나님에 대한 생각이 흐려지기 쉽습니다. 꼬리에 꼬리를 무는 많은 의문과 갈등 속에서 우리의 생각이 나쁜 쪽으로 흘러가기 쉽습니다. 그런 상황에 있는 욥에게 하나님이 주신 해결책이 무엇인지 보십시오. 하나님은 욥의 질문에 일일이 답하시기보다 흐려진 하나님에 대한 생각을 바로잡아 주셨습니다. 욥의 무지를 일깨우시고, 흐려진 하나님에 대한 생각을 다시 선명하게 해주셨습니다.

　욥은 하나님이 어떤 분이신지를 전혀 모르는 사람이 아니었습니다. 욥기 1장은 욥이 하나님이 어떤 분이신지 아는 자임을 말해 줍니다. 그러나 고통으로 인해 하나님에 대한 시야가 흐려졌습니다. 그럴 수 있습니다. 하지만 그렇기 때문에 더더욱 고난 가운데 있을 때 계시의 말씀을 통해서 하나님이 어떤 분이신지를 아는 것이 중요합니다.

　고통 가운데 하나님에 대한 신뢰가 떨어지고 하나님에 대한 왜곡된 생각이 쌓여 갈 때, 하나님은 말씀을 통해 우리를 일깨우시고 하나님이 우리에게 어떤 분인지를 다시 보게 하시기 때문입니다. 그러므로 계시의 말씀만이 고통 가운데 있는 우리의 살길입니다.

　하나님이 욥에게 하신 말씀을 주목해 보십시오. 하나님은 우리가 상상하는 것보다 지혜로우시고 능력이 크십니다. 우리의 생각으로 다 헤아릴 수 없는 초월적인 절대자이십니다. 동시에 하나님은 그분의 백성 된 '나'를 돌보는 분이십니다. 하나님은 크신 지혜와 능력으로 세상을 통치하시면서, 또한 나의 삶과 관련된 전후좌우의 상황들을 주장하시며 자기 뜻을 따라 우리를 인도하십니다. 특히 우리가 당하는 고통까지도 주관하십니다.

욥을 통해서도 보게 되듯이 우리는 하나님에 대한 생각이 굴절되기 쉽습니다. 고난 중에 우리는 하나님을 계시된 그대로 보지 못합니다. 뭔가 부족한 하나님, 나를 모르는 하나님, 내 현실과 내 고통을 돌아보지 않으시는 무심한 하나님, 세상의 고통과 악에 대해서 힘을 쓰지 못하는 무능한 하나님으로 보면서 하나님에 대한 굴절된 이해, 부정적인 인식을 갖기 쉽습니다.

따라서 우리가 고통 가운데 있을 때, 욥에게 계시해 주신 것과 같은 하나님의 말씀이 더욱 필요합니다. 이와 같은 말씀을 통해 하나님의 하나님 되심을 믿는 믿음이 더욱 절실해집니다. 하나님은 당장 우리 눈앞에 있는 문제들에 대한 현실적인 답을 찾는 것보다 하나님이 어떤 분이신지를 말씀하십니다. 하나님의 백성에게는 그것이 먼저입니다. 하나님을 하나님으로 믿는 것은 아주 간단해 보이지만 이것은 매우 중요하고 큰 싸움입니다.

악과 고통 속에서 우리 안에 질문과 회의와 불평이 일어날 때 우리 자신에게 질문해야 합니다. '나는 하나님을 하나님으로 믿고 있는가? 하나님이 계시해 주신 그대로의 하나님을 믿고 있는가?' 설령 우리가 당장 악과 고통을 지나고 있지 않더라도 이런 질문을 해볼 필요가 있습니다.

우리에게 자신을 계시하신 하나님은 나의 모든 것을 아시는 하나님이요, 나의 고통까지도 주관하시는 하나님이며, 우리에게 결론을 주시는 하나님이십니다. 우리 안에서 일어나는 부정적인 생각을 따르지 마십시오. 우리에게 성경을 통해 자신을 계시하신 하나님은 오늘 나의 생명을 거두시더라도 나를 영생으로, 영광으로 인도하실 하나님이십니다.

물론 그 과정 가운데서 우리는 우리가 알 수 없는 일들, 이유를 납득할 수 없는 고통을 경험하기도 합니다. 우리는 하나님의 숨겨진 뜻과 목적을 다 보지 못합니다. 우리는 계시된 말씀 이상을 알 수 없습니다. 먼저 이것을 인정하는 것이 필요합니다. 확실히 우리가 겪는 모든 고통은 궁극적으로는 선한 결론에 이르게 될 것입니다. 다만 우리는 그 선한 결론이 어떻게, 또 언제 드러날지를 알지 못할 뿐입니다.

하지만 우리에게는 하나님이 계십니다. 욥을 붙드시고 그의 결론을 주장하신 하나님이 우리 삶의 과정을 주관하시며, 우리를 선한 결론으로 이끄십니다. 욥의 결론 또한 선했습니다. 욥을 통해 주신 하나님의 계시를 통해 수많은 하나님의 백성이 용기와 답을 얻었습니다. 욥에게 자신을 알리시며 선한 결론으로 이끄신 하나님은 지금도 이 계시된 말씀을 통하여 우리를 같은 결론으로 이끌어 가십니다.

우리에게 알려진 것을 붙드는 싸움

그러므로 이 계시된 말씀을 붙드십시오. 비록 우리는 부분적으로밖에 알 수 없지만, 계시된 그 말씀으로도 충분합니다. R. C. 스프로울(Robert C. Sproul)은 이에 대해 "모든 일 속에서 우리는 알려진 것을 토대로 알려지지 않은 것을 해석해야 하고, 알려지지 않은 것을 가지고 알려진 것을 해석해서는 안 된다"[3] 고 말했습니다.

우리는 우리가 다 알 수 없는 악과 고통의 문제에 대해서 알려진 것, 곧 계시된 말씀을 통해 해석해야 합니다. 분명치 않은 우리의 생각과 감정에 기초하여 악과 고통을 해석하면 올바른 해석에서 빗나가게 됩니다. 자신의 경험을 가지고 성경을 해석하지 말고, 성경을 가지고 자신의 경험을 해석하십시오. 그래서 스프로울은 다음과 같이 덧붙여 말했습니다.

"그런데 그 알려진 것은 하나님이 존재하시고 그분이 선하시다는 것이다."[4]

우리에게 분명하게 알려진 것은 바로 이것입니다. 하나님의 하나님 되심입니다. 알려지지 않은 악과 고통의 배후에 감춰진 뜻보다 알려진 하나님의 계시에 근거해서 우리의 모든 고통과 문제들을 보십시오. 그리고 우리에게 자신을 계시하신 그 하나님이 우리가 다 이해할 수 없는 상황과 고통 가운데서도 나를 아시고, 끝을 주장하시며, 나를 인도하신다는 것을 신뢰하십시오.

이것은 악과 고통을 겪을 때 우리에게 있어야 할 분투의 내용입니다. 하나님은 우리의 뜻에 따라 우리를 인도하지 않으십니다. 하지만 우리가 고통 가운데 있을 때도 우리의 모든 것을 아시고 친히 우리의 울타리가 되어 주십니다. 우리에게는 고통조차 하나님의 허락 안에서 있는 것입니다. 고통의 터널을 지날 때 우리는 이와 같으신 하나님을 그대로 믿는 믿음의 싸움을 싸웁니다.

잊지 마십시오. 우리가 힘든 것조차 우리의 모든 것을 아시고 주관하시는 하나님 안에서의 힘듦입니다. 주권자 하나님이 아시는 고통이요, 하나님이 통제하고 계신 고통이며, 하나님에 의해서 끝이 날 고통입니다. 하나님 외에 무엇도 우리의 고통에 대한 답을 주지 못합니다.

갑자기 일어난 사고로 사랑하는 가족을, 자녀를 잃었을 때 누가 그에 대해 설명을 해줄 수 있습니까? 어떤 철학이나 다른 종교 속에서 답을 찾을 수 있겠습니까? 지금도 우리의 모든 고통을 아시는 우리 하나님을 아는 것 이상의 답은 없습니다.

욥에게도 수많은 질문이 있었지만, 결국 이것이 그를 만족하게 한 충분한 답이 되었습니다. 욥은 자신을 아시는 하나님으로 인해 위로를 얻고 자신의 삶을 주장하시는 하나님을 신뢰하며 인내했습니다.

악과 고통이 있는 세상에서 우리도 욥기의 답을 소유하기를 소망합니다. 성경에 계시된 하나님을 그대로 믿고자 하는 싸움을 포기하지 마십시오. 말씀을 듣고 배움으로써 성경에 계시된 하나님을 알아 가십시오. 하나님을 말씀 그대로 믿고 신뢰하십시오. 아무리 당장 죽을 것 같아도 우리의 끝은 우리 하나님, 주권자께 있습니다. 우리가 알지 못할 영역까지 지혜와 능력으로 주관하시는 하나님을 믿어야 합니다. 이것이 참으로 하나님을 하나님으로 믿는 믿음입니다. 이것이 우리의 살길입니다.

  그 과정이 힘들 수 있습니다. 우리는 우리의 고통을 다 이해할 수 없습니다. 아무도 답을 주지 못합니다. 우리에게 자신을 계시하시는 하나님만이 우리의 답이십니다. 하나님이 고통 중에서 우리 영혼을 소생하게 하시고 우리에게 만족이 되십니다. 욥기의 결론으로 주신 하나님의 답이 우리 각 사람에게도 진정한 답이 되게 하여 주시고 은혜로 우리를 붙들어 주시기를 구합니다.

우리에게 분명하게 알려진 것은 바로 이것입니다.
하나님의 하나님 되심입니다.
알려지지 않은 악과 고통의 배후에 감춰진 뜻보다
알려진 하나님의 계시에 근거해서
우리의 모든 고통과 문제들을 보십시오.

"우리가 알거니와 하나님을 사랑하는 자 곧 그의 뜻대로 부르심을 입은 자들에게는 모든 것이 합력하여 선을 이루느니라"(롬 8:28).

05

위장

비극의 얼굴로
다가오는 복

고난이 주는 유익

 이 세상의 악과 고통은 하나님을 믿는 신자들에게도 경험됩니다. 이 세상의 모든 일은 하나님의 주권 아래 있지만, 하나님은 자기 백성들도 악과 고통이 있는 이 세상에서 인내하며 살게 하십니다. 그러나 이러한 하나님의 다루심에는 목적이 있습니다. 우리가 악과 고통을 경험하는 과정을 통해 우리 안에서 이루고자 하시는 하나님의 뜻이 있다는 것입니다.

 물론 교회를 다니는 많은 사람에게 "고난을 통해 영적인 성숙을 이루게 된다", "고난이 하나님이 주시는 복을 경험하는 배경이 된다" 등의 말은 익숙합니다. 그리고 그것은 성경이 가르치는 사실이기도 합니다. 하지만 이런 말을 쉽게 던지는 것은 도리어 독이 되기도 합니다. 자칫 욥의 세 친구처럼 고난 가운데 있는 사람의 아픔을 더 크게 만들 수 있습니다. 큰 고통 가운데 있는 사람에게 더 필요한 것은 곁에서 함께 울어 주고 마음을 공감해 주는 것일 수 있습니다. 욥의 친구들처럼 상대의 고통을 헤아리지 않은 채 어설픈 신앙 지식으로 고통에 대한 답을 다 아는 것처럼 쉽게 말하지 않도록 조심해야 합니다.

이 장에서 생각하고자 하는 것은 신자의 고난은 우리가 흔히 알고 있는 고진감래식의 법칙이 아니라는 것입니다. 로마서 8장 28절은 하나님을 믿는 신자들의 삶과 모든 경험 가운데 하나님이 이루시는 선, 곧 '하나님의 선'에 대해 말합니다. 비록 하나님을 믿는 신자들은 이 세상에서 악과 고통을 포함한 많은 일을 경험하지만, 하나님은 악과 고통을 포함하여 신자를 둘러싼 그 '모든 것'의 결론으로 선을 이루십니다.

하나님이 이루시는 '하나님의 선'

하나님이 '그의 뜻대로 부르심을 입은 자들에게' 선을 이루신다는 것은 단순히 우리에게 좋은 일이 생기게 하신다는 의미가 아닙니다. 단순히 이 땅에서 누리는 건강과 성공과 같은 복을 말하는 것도 아닙니다. 여기서 하나님이 이루신다고 하는 선은 정확하게 말하면 '하나님의 선'입니다. 이것은 하나님이 '그 뜻대로' 부르신 우리를 위한 궁극적인 계획과 목표를 내포합니다. 로마서 8장 29절에서는 이것을 '아들의 형상을 본받는 것'과 연결시킵니다.

하나님의 선은 분명히 우리에게 유익이 됩니다. 그런데 더 중요한 것은 그 선이 하나님이 우리 안에서 이루고자 하시는 하나님의 선이라는 사실입니다. 하나님은 악과 고통을 포함한 신자가 경험하는 모든 현실 속에서 신비롭게 하나님의 선을 이루십니다. 하나님은 초월적인 능력과 통합적인 지식과 지혜를 가지고 우리의 삶 속에 자신의 뜻을 이루십니다. 우리의 삶에 드리워진 악과 고통을 거두지 않으시고 그 가운데서 비밀스러운 능력으로 선을 이루십니다.

하지만 우리는 그 과정을 충분히 이해하지 못합니다. 하나님이 욥의 모든 질문에 하나하나 대답해 주지 않으신 이유도, 설사 설명해 주셨어도 다 이해하지 못할 비밀스러운 사실이 있기 때문입니다.

존 거스트너(John H. Gerstner)라는 신학자는 하나님이 악과 고통 가운데서 선을 이루시는 것과 관련해 "하나님이 우리 신자들에게 경험하게 하시는 악, 그리고 결국 선이 될 그 악은 선한 악이다"라고 말했습니다. 예를 들어, 형들에 의해 노예로 팔려 간 요셉의 삶에 있었던 악과 고통입니다. 그러나 하나님은 그 악을 선으로 바꾸셨습니다. 거스트너는 그런 악을 '선한 악'이라고 말한 것입니다. 거스트너는 하나님이 악을 선으로 바꾸시는 것을 볼 때, 선과 악에는 네 가지가 있다고 말했습니다.[1]

첫 번째는 선한 선입니다. 곧 성경에서 '아무도 선을 행할 수 없다'라고 말한 선, '궁극적인 의미에서의 선'이 있다는 것입니다. 이 선은 하나님의 율법을 외적으로 완전히 따르고, 내적으로 하나님을 향한 완전한 사랑이 동기가 되어서 나타나는 선입니다. 우리는 이 선한 선을 추구해야 함에도 불구하고 선을 온전히 행하지 못합니다.

두 번째는 선은 선인데 악한 선입니다. 이것은 하나님의 율법에 외적으로 따르는 선입니다. 외적으로 선한 행위를 하지만 그 동기는 이기적이고 자기중심적입니다. 외적으로는 선해 보이지만 속이 악하기 때문에 악한 선이라고 할 수 있습니다.

세 번째는 악한 악입니다. 이것은 선한 선의 정반대입니다. 칭찬받을 만한 요소가 전혀 없는 악입니다. 회개하지 않는 죄인이 진노의 날까지 계속 죄를 범하여 심판을 받는 것이 여기에 해당합니다.

마지막은 선한 악입니다. 이것은 성경에서 그리스도인들과 관련해서 말하는 것입니다. 분명히 악이 있는데 결과적으로 선이 되는 것입니다. 비록 우리는 그 과정을 다 헤아리지 못하지만, 하나님이 섭리 가운데 우리가 경험하는 선으로 바꾸십니다. 구속하신 우리를 위하여 이와 같은 일을 하십니다.

악과 고통이 있는 이 세상에서 우리 그리스도인들은 이 사실을 잊지 말아야 합니다. 죄가 있는 세상에서 납득하기 어려운 악과 고통을 경험하지만 하나님의 백성에게는 결과적으로 선한 결론이 있습니다. 성경은 우리에 의해서가 아닌 하나님에 의한 선을 말합니다. 로마서 8장 28절이 이와 같은 사실을 말해 줍니다. 우리가 경험하는 악은 결코 악 자체로 끝나지 않는다는 것입니다.

비극으로 위장된 복

거스트너가 말한 대로, 우리가 경험하는 악은 선한 악, 곧 하나님에 의해서 선이 되는 악입니다. 하나님에 의해 그런 일이 있습니다. 예수님을 믿는 우리가 지금 경험하고 있는 악과 고통은 바로 이와 같은 놀라운 사실을 담고 있습니다. 그러므로 우리는 지금 악을 경험하면서도 소망 가운데 미래를 바라볼 수 있습니다.

어떤 사람은 그리스도인들이 경험하는 악과 고통 또는 비극을 '위장된 복'이라고 말합니다. 왜냐하면 우리가 이 땅에서 경험하는 모든 것이 설사 악한 일이라고 하더라도 악 자체로 끝나지 않고, 결국 하나님에 의해 선이 되기 때문입니다. 물론 그 선은 이 세상에서 누리는 일시적이고 현세적인 복이 아니라, 하나님이 우리 안에서 이루고자 하시는 목적을 위한 것입니다.

사람들은 하나님이 자신의 삶 속에서 '모든 것을 합력하여 선을 이루신다'는 사실을 알고 그것을 바랍니다. 그러나 그 모든 것 속에 악과 고통의 경험도 포함되어 있다는 것을 잘 생각하지 않습니다. 그리하여 많은 사람이 이 말씀을 막연하게 결과적으로 좋은 일이 있게 하시는 정도로 생각하는 경향이 있는데, 우리는 이 말씀에 대한 바른 이해 속에서 확고한 믿음을 갖는 것이 필요합니다.

하나님이 자신의 선을 이루신다는 것을 알고 악과 고통을 경험할 때도 우리 하나님이 그 이상의 것을 이루신다는 사실을 믿어야 한다는 말입니다. 그 때문에 우리가 이 땅에서 경험하는 환난과 고통은 그야말로 위장된 복이라고 할 수 있습니다.

그러나 하나님을 믿지 않고 회개하지 않는 사람들이 이 세상에서 갖는 경험은 이와 정반대입니다. 즉, 그들이 이 세상에서 누리는 모든 복은 위장된 비극입니다. 건강이든, 물질적인 번영이든, 사회적인 성공과 그에 따른 명예든 그것은 궁극적으로 진정한 복이 아닙니다. 복처럼 보이지만 실상은 비극입니다. 결정적으로 그 속에 하나님이 이루시는 선이 없기 때문이고, 덧없고 일시적이기 때문입니다.

성경은 그런 일시적인 것을 우리가 찾아야 할 진정한 복으로 말하지 않습니다. 성경은 궁극적이고 최종적인 결론을 말합니다. 예수님도 "사람이 만일 온 천하를 얻고도 제 목숨을 잃으면 무엇이 유익하리요 사람이 무엇을 주고 제 목숨과 바꾸겠느냐"(마 16:26)라고 말씀하셨습니다. 그러므로 우리에게는 우리가 겪는 모든 악과 고통의 현실 속에서도 선을 이루시는 하나님을 믿고 인내하는 것이 필요합니다.

하나님과의 교제 속에 있는 행복을 위해

그럼 악과 고통 가운데 있는 신자들 안에서 하나님이 이루시는 선, 곧 하나님의 선에 대해 조금 더 구체적으로 생각해 봅시다. 저는 여기서 그것을 세 가지로 말하고자 합니다.

첫 번째는 하나님과의 교제 속에서 행복을 갖는 것입니다. 이것이 하나님이 악과 고통 가운데서도 우리 안에 이루시는 하나님의 선의 핵심입니다. 아이러니하게 들릴 수 있습니다. 우리는 욥처럼 고통 가운데 생일을 저주하며 죽고 싶다는 생각이 들 만큼 괴로움을 느끼기도 합니다. 그런데 무슨 행복이란 말입니까.

그러나 이 행복은 하나님이 처음 인간을 창조하셨을 때부터 뜻하신 것입니다. 성경은 인간의 참된 행복이 인간을 지으신 하나님과 삶을 함께 누리는 것임을 다각적으로 증거합니다. 하나님은 이것을 위해 우리를 지으셨습니다. 이 목적은 인간이 타락한 이후에도 변함이 없습니다. 하나님은 악과 고통에 대한 우리의 경험까지도 이런 목적을 위해 사용하십니다. 우리의 죄악된 본성은 편안함 가운데서 하나님과의 교제를 통한 행복을 갈망하지 않습니다. 그보다 자신을 편안하게 하는 다른 요소들에서 행복을 찾습니다.

그러나 하나님이 우리를 지으신 뜻을 간과해서는 안 됩니다. 하나님은 그저 이 세상에서 먹고 마시며 육신적인 즐거움과 편안함을 갖게 하실 목적으로 사람을 창조하지 않으셨습니다. 하나님이 처음 인간을 창조하신 뜻은 인간이 타락한 뒤에도 변하지 않습니다. 도리어 그리스도의 구원을 통해 그 창조의 목적을 회복하십니다.

하나님이 우리를 구원하신 목적은 성경 전체에서 계속 반복되는 "내가 너희의 하나님이 되고, 너희는 내 백성이 되어서 살아가리라"

라고 하신 언약에 담겨 있습니다. 우리를 창조하시고 구원하신 하나님의 궁극적인 뜻은 이처럼 하나님과 친밀한 관계에 있는 언약 백성 공동체를 통하여 이루어집니다. 그 성취가 이 땅에서뿐만 아니라 하나님과 하나님의 백성이 함께 거하는 새 하늘과 새 땅에까지 이어지는 것입니다.

하나님의 궁극적인 뜻은 우리 중 몇 사람을 뽑아 천국에 들어가게 하시는 데 있지 않습니다. 하나님의 뜻은 하나님과의 관계에서 행복을 누리는 공동체를 이루는 것입니다. 이를 위해 자기 백성을 천국까지 이끄시며, 그때까지 이 땅에서 하나님과의 교제를 통해 누리는 행복을 경험하게 하십니다. 그래서 하나님은 하나님과의 관계를 뒤로하고 이 땅의 것들에서 행복을 찾으려는 우리의 삶을 다루십니다. 하나님이 창조하신 뜻, 구원하신 뜻과 어긋나 있는 우리의 상태를 다루시는 것입니다.

타락한 인간은 창조주 대신 다른 피조물에서 행복을 찾습니다. 하나님과의 교제보다 육체적인 쾌락에서, 또 보이지 않는 것보다는 보이는 것에서, 영원한 것보다는 일시적인 것에서 행복을 찾습니다. 죄 중에 태어나 부패한 본성을 가진 우리 자신을 정직하게 보아야 합니다. 우리의 죄된 본성은 잘못된 길에서 사랑과 행복을 찾습니다. 하나님의 구원은 그런 우리를 이끌어 하나님과의 관계에서 행복을 찾아 누리도록 하는 것입니다.

그리고 우리가 당하는 고통은 신비로운 방식으로 하나님의 계획과 목표에 기여합니다. 한마디로, 타락한 세상에서 하나님 대신 피조물에서 행복을 찾는 인간을 참된 행복으로 이끄시기 위해서 하나님이 고통을 허용하시고 사용하신다는 말입니다.

이처럼 하나님은 우리를 향한 하나님의 궁극적인 목표를 이루시기 위해 우리가 현재 당하는 고통을 사용하십니다. 시편 기자가 "고난당한 것이 내게 유익이라"(시 119:71)라고 고백한 까닭도 이것을 알았기 때문입니다. 고통이 우리로 하여금 육적인 추구와 관심으로부터 눈을 돌려 하나님께로 향하게 하는 도구가 됩니다.

그래서 시편 기자는 "고난당하기 전에는 내가 그릇 행하였더니 이제는 주의 말씀을 지키나이다"(시 119:67)라고까지 말했습니다. 자신이 고난을 당하기 전에는 그릇 행하였으나, 고난과 고통 속에서 하나님께 돌아와 하나님의 말씀을 따르게 되었다는 것입니다. 하나님이 원하시는 뜻을 따르게 되고, 하나님과의 교제 속에서 행복을 갖게 되었다는 것입니다. C. S. 루이스(C. S. Lewis)는 이렇게 말했습니다.

"우리를 지으신 하나님은 우리를 정확히 아시며 우리의 행복이 그분 안에 있음을 아신다. 하지만 하나님 외에 기댈 만한 다른 것이 있다면 그리고 그것이 더 안전해 보인다면 우리는 하나님을 찾지 않을 것이다. 우리는 인생을 우리 자신의 것으로 여기며 그 삶이 편안하면 그분 앞에 엎드려지지 않는다. 그럴 때 하나님이 우리의 관심을 끌려면 우리 자신의 삶을 불편하게 만들고 거짓 행복의 근원을 없애시는 것밖에 없다. 그분은 우리를 얻기 위해서 창피함을 무릅쓰신다. 우리가 줄곧 하나님 외에 다른 것을 찾다가 더 좋은 것이 하나도 없어서 마지못해 찾아오도록 하시기 때문이다."[2]

하나님이 인간을 창조할 때부터 가지셨던 목표, 타락 이후에 고통을 통해서라도 이루고자 하셨던 하나님의 목표가 자신 안에서 이루어지고 있는지 돌아보십시오. 우리가 장차 완성될 새 하늘과 새 땅에 참여할 백성이라면 하나님의 목표가 우리 안에서도 구체화될 것입니다. 이 땅의 것들이 아니라, 하나님과의 교제 속에서 행복을 갖게 될 것입니다.

하나님은 이를 위해 고통을 허용하기까지 하십니다. 고통 없이 하나님과의 교제의 복을 누리면 더 좋겠지만 부패한 인간은 좀처럼 하나님과의 교제를 행복으로 여기지 않기에, 하나님은 우리에게 고통의 때를 지나게 하십니다. 고통을 경험함으로써 하나님과의 교제를 행복으로 여기게 되는 역설적인 사실과 관련하여 두 가지 이야기를 나누고자 합니다. 먼저, 미모가 빼어나고 부유한 줄리아라는 여인의 이야기입니다.[3]

그녀는 미모와 부로 인해 교만했습니다. 다혈질로 말버릇도 험해서 사람들과의 관계도 안 좋았습니다. 그런데 40대 중반에 암에 걸렸습니다. 상태가 심각해서 아무리 치료해도 병의 진행을 막을 수 없게 되었습니다. 의사들은 1년을 넘기기 어려울 것이라 했고, 그렇게 그녀는 시한부 인생을 살게 되었습니다.

의사들의 말에 놀란 줄리아는 영적인 상담을 받고 성경을 읽기 시작했습니다. 그리고 마침내 자신의 죄를 고백하고 예수 그리스도를 영접했습니다. 줄리아는 그 후 자신이 상처를 준 사람들에게 편지나 전화로 또는 직접 찾아가 용서를 구했습니다. 그렇게 가족과 친구들과의 관계를 회복하기 위해서 최선을 다했습니다. 전남편과도 화해하고, 자녀들과 다시 가까워졌으며, 믿음의 형제자매들과 사랑의 관계를 맺었습니다.

그리고 죽기 몇 주 전에 줄리아는 목사님을 찾아가 자신에게 암이 하나님의 선물이었다고 고백했습니다. 하나님이 암을 통해 자신을 가까이 부르셨다고 고백했습니다. 그녀는 미모와 부와 영향력을 자랑하며 살던 이전의 긴 세월과 암 선고 이후의 2년 중 하나를 선택하라고 하면 주저 없이 후자를 택하겠다고 말했습니다. 지난 2년은 비록 병마와 싸웠지만, 하나님과 사람을 사랑하는 삶이 얼마나 기쁜지를 배운 시간이었기 때문입니다.

또 하나는 하워드 헨드릭스(Howard G. Hendricks)라는 사람이 인도의 나병 환자 센터를 방문했다가 목격한 내용입니다. 그가 도착한 날 아침에 환자들이 예배하기 위해서 모이는 것을 보고 그도 예배에 참여했습니다. 그런데 잠시 후 한 여인이 절뚝거리며 연단에 올랐습니다. 그녀는 눈도 제대로 보이지 않을 만큼 상한 몰골을 하고 있었습니다. 그리고 그녀는 손가락이 거의 없는 두 손을 하늘을 향해 들어 올리며 낭랑한 목소리로 말했습니다.

"저는 저를 나병 환자로 만드신 하나님을 찬양합니다. 이 병에 걸리지 않았다면 저는 예수를 구주로 영접하지 못했을지도 모릅니다. 하나님의 은혜를 모른 채 건강하게 사느니 그리스도를 아는 나병 환자가 되는 것이 훨씬 낫습니다."[4]

그녀가 앞의 줄리아와 마찬가지로 고통으로 인해 그리스도 안에 있는 행복을 발견하고 살게 되었음을 고백한 것입니다. 하나님은 바로 이와 같은 일을 고통 속에서 이루십니다.

고통이 없으면 이 땅의 보이는 것 안에서만 행복을 찾기 위해 방황하다가 멸망할 자들이 하나님 안에서 누리는 행복을 발견하게 하시고, 그 행복을 누리며 살게 하고자 고통을 사용하시는 것입니다. 이것이 하나님이 신자의 삶에 이루시는 하나님의 선으로, 우리가 가장 먼저 생각해야 할 사실입니다.

진실한 믿음을 위해

신자의 삶 가운데 이루고자 하시는 '하나님의 선'의 두 번째 내용은 진실한 믿음입니다. 하나님과의 교제 속에서 행복을 갖는 것은 멋진 곳에서 커피를 한 잔 마시면서 좋은 기분을 느끼는 것이 아닙니다. 또 찬송 한 곡 부르며 격앙된 감정을 경험하는 것도 아닙니다. 그것은 오직 우리의 전인격이 움직이는 믿음으로만 가질 수 있습니다.

바울은 그리스도인들이 하나님 앞에 갈 때까지의 여정을 "믿음으로 행하고 보는 것으로 행하지 아니함"(고후 5:7)이라고 말했습니다. 믿음이 없으면 이 땅의 여정 중에 그 어떤 거룩한 일도 이루어 갈 수 없습니다. 성화의 삶도 없습니다. 무엇보다도 하나님과의 교제 속에서의 행복, 하나님을 기뻐하고 하나님으로 인하여 즐거워하는 행복도 누릴 수 없습니다.

우리는 이것에 대해 깊이 생각해 보아야 합니다. 하나님의 은혜를 물질적인 것으로 제한하는 것은 성경적이지 못한 이해입니다. 일류 대학을 가거나 좋은 직장에 다니는 것 등에 초점을 맞추어 하나님의 복을 생각하면 하나님으로 인한 행복에서 점점 멀어지게 됩니다.

우리는 오직 진실한 믿음으로만 하나님과의 교제 속에서 행복을 얻고 누릴 수 있습니다. 충동적으로나 일시적으로 얻는 행복이 아닙니다. 진실한 믿음으로 실제로 삶 속에서 행복을 누리고 그것을 우리 존재의 특징과 목적으로 삼게 됩니다.

그런데 이 진실한 믿음은 신비하게도 고난 속에서 싹트거나 자라납니다. 믿음은 고통이 있는 조건에서 연단되며, 더욱 진실하고 견고해집니다. 하나님은 우리의 신앙을 일으키시고 진실한 믿음으로 단련하시기 위해 다양한 형태의 고통을 겪게 하십니다. 고통을 유발하는 다양한 고난의 상황들을 지나게 하십니다. 고난과 고통으로 우리의 믿음을 단련시키셔서 결국 하나님과의 교제 속에서 행복을 누리며 살게 하십니다. 하나님만으로 기뻐하며 만족하게 하시는 것입니다.

문제는 우리의 본성이 이것을 적극적으로 환영하지 않는다는 것입니다. 우리는 찬양하며 하나님만으로 만족하는 순전한 믿음을 갖고 싶다고 고백하지만, 진실한 믿음을 갖게 하는 과정을 좋아하지 않습니다. 하나님과의 교제 가운데 얻는 행복 외에 다른 모조품들을 놓으려고 하지 않습니다. 우리의 가짜 행복이 흔들리는 것을 괴로워합니다. 이와 관련하여 랜디 알콘(Randy Alcorn)은 이렇게 말했습니다.

"불치병으로 요절하는 것보다 더 무서운 것이 있다. 그것은 건강하고 부하게 살아도 그리스도를 몰라 지옥에 가는 것이요, 그리스도를 알아도 그분께 가까이 가지 못하는 것 또한 그에 못지않게 불행한 일이다. 그렇게 되느니 병을 통해서라도 정신 차리고 그리스도 앞으로 나오는 편이 훨씬 낫다."[5]

하나님은 종말론적인 목표에 따른 우선순위를 가지고 우리를 이끄십니다. 우리는 당장 눈앞의 것들만 생각하지만, 하나님은 우리와 달리 우리의 최종 목적지까지 생각하십니다. 이것을 아는 것이 매우 중요합니다.

17세기에 2년여의 기간 동안 수많은 회의를 거쳐『웨스트민스터 신앙고백』과『소요리문답』을 작성했던 영국 각 교회의 대표들은 이것을 중요하게 여겼습니다. 그들은 많은 고민 끝에『소요리문답』의 첫 번째 질문과 답을 작성했습니다.

"인생의 제일 되는 목적이 무엇이냐?"라는 질문에 "하나님을 영화롭게 하며 그를 영원히 기뻐하는 것"이라고 답했습니다.『소요리문답』의 제일 앞부분에 하나님이 최초의 인간을 창조하시면서 두신 목적, 타락 이후에도 구속을 통해 회복시키시는 목적, 장차 새 하늘과 새 땅에서도 종말론적인 공동체 안에서 온전히 누리게 하시려는 그 큰 목적을 밝힌 것입니다.

하나님이 우리에게 고통을 허락하시는 것은 현재를 위해서가 아니라 최종적인 구원을 위한 뜻 가운데 행하시는 일입니다. 이 땅의 가짜 행복보다 장차 누릴 참된 행복을 얻게 하시려는 종말론적인 의도를 가지고 고통을 허락하시고 활용하시는 것입니다. 하나님은 하나님의 백성 된 우리가 이 세상에서의 삶에서부터 하나님을 영원토록 즐거워할 수 있도록 우리가 다 이해하지 못할 섭리를 베푸십니다.

하지만 많은 사람이 그런 큰 그림을 보지 못한 채, 열심히 기도해서 좋은 직장에 들어가고 안정된 생활을 하는 정도로 신앙과 삶의 목표를 제한합니다. 예수님을 열심히 믿는다고 하면서 실제로는 하나님이 원하시는 것보다 내가 원하는 바를 추구합니다. 심지어 교회들까지 믿음이라는 명목으로 성공과 고통 없는 복을 추구하도록 부추깁니다. 기독교 복음과 신앙을 변질시키는 것입니다.

그러나 숱한 고생을 했던 바울의 신앙과 삶을 보십시오. 고통과 고난 속에서 사셨던 예수님을 보십시오. 이 세상에서의 안녕은 기독교 복음이 약속하는 것도, 기독교 신앙이 추구하는 것도 아닙니다.

어떤 사람은 예수님과 바울은 특별한 경우로 치부하면서 "예수님을 믿는 사람은 다 잘됩니다. 잘 안되는 것은 하나님과 나 사이에 문제가 있다는 것입니다"라는 식으로 말하기도 합니다. 하지만 성경은 그렇게 말하지 않습니다. 신자에게는 고난이 있습니다. 성경에서 고난이 있는 신앙과 믿음에 관한 이야기를 다 제외하면 우리에게는 아주 작은 교훈만 남게 될 것입니다.

많은 사람이 예수님을 믿는다고 하면서도 고통 없는 삶을 추구하지만, 고통은 우리가 통제할 수 있는 것이 아닙니다. 고통은 우리가 생각하지 않았을 때 찾아옵니다. 예측할 수 없습니다. 하나님이 고통을 사용하셔서 우리의 신앙을 단련하시고 하나님과의 교제 속에 있는 행복을 알게 하시고 추구하게 하십니다. 그런 일이 필요한 것입니다. 우리가 하나님이 뜻하신 목표에 따라 생각하고 사는 것은 쉽게 되지 않습니다. 그런 것을 권하는 책을 읽거나 설교를 듣는다고 되지 않습니다. 우리의 본성은 그리 호락호락하지 않습니다. 그래서 하나님이 고통을 허락하십니다.

우리를 향한 하나님의 뜻을 작게 보지 마십시오. 우리가 가져야 할 믿음의 의미는 단순히 우리가 정한 목표를 성취하는 것 정도에 있지 않습니다. 사업이 잘되어 가계의 소득이 높아지는 것, 교회에 교인들이 많아지는 것 정도가 우리의 성공이 아닙니다. 진짜 성공은 끝까지 가 봐야 압니다. 중요한 것은 하나님이 두신 궁극적인 목표입니다.

이러한 하나님의 뜻은 우리 안에서 저절로 이루어지지 않습니다. 설사 거듭난 신자라 할지라도 저절로 되지 않습니다. 예수님을 믿는다고 자동적으로 하나님만으로 만족하게 되지 않습니다. 오랜 세월 동안 교회에 다니면서도 하나님이 우리에게 두신 목적과 상관없이 신앙생활을 할 수 있습니다. 하나님은 이런 우리를 아시고 고통을 통해 진실한 믿음을 연단하심으로써 우리 안에 하나님이 뜻하신 그 궁극적인 목적을 이루십니다.

이 순간 우리는 고난과 고통을 사용하여 우리를 다루시는 하나님을 이해하지 못할 수 있습니다. 하지만 신비로운 섭리 가운데 이루시는 하나님의 선으로 인하여 모든 하나님의 백성은 결국 만족하게 될 것입니다. 당장은 힘들더라도 종국에는 "그러셨군요" 하며, 욥처럼 하나님을 찬양하게 될 것입니다. 완성될 하나님 나라에 이르면 우리는 모든 고통을 다 잊고 하나님의 선으로 인하여 심히 기뻐하게 될 것입니다.

고통을 아는 자들을 통한 위로

하나님이 신자가 삶에서 경험하는 악과 고통을 포함한 모든 것 가운데 이루고자 하시는 '하나님의 선'의 세 번째 내용은 다른 사람들에게 유익을 주는 것입니다.

주변에 악과 고통을 경험하는 자들을 생각해 보십시오. 아무나 그들을 돕지 못합니다. 주로 이 땅의 악과 고통을 먼저 경험한 자들이 지금 고난 중에 있는 사람들에게 도움이 됩니다. 이미 고통을 겪은 사람들, 특히 고난 가운데서 믿음을 통해 하나님으로 인한 기쁨을 깊이 알게 된 사람들이 현재 고통을 겪는 자들에게 좋은 위로자요 안내자가 될 수 있습니다. 하나님은 이 세상의 고통당하는 자를 직접 위로하시기보다 그들처럼 고통을 경험한 우리를 사용해 위로하십니다.

예수님이 "지극히 작은 자 하나에게 한 것이 곧 내게 한 것이니라"(마 25:40)라고 말씀하신 것은 주님이 우리를 사용하셔서 고통당하는 자들을 위로하시고 세우시기 때문입니다. 어떤 부부는 아들이 백혈병으로 죽은 뒤에 유사한 환자들을 섬겼고 그로 인해서 많은 영혼을 구

원으로 인도했습니다.[6]

　우리가 겪는 악과 고통을 통해서 하나님이 우리 안에 이루시는 선에는 이처럼 놀라운 내용이 포함되어 있습니다. 하나님은 고통을 아는 우리를 통해서 고난당하는 사람들을 위로하시고, 상한 자들을 치료하시고, 쓰러진 자를 일으켜 세우시고, 신앙이 흔들리는 자들을 붙들어 주시고, 잃어버린 자를 구원하십니다.

　그러므로 지금 세상의 악과 고통을 경험하고 있다고 자기 연민에 빠져 있다면, 하나님의 뜻과는 거리가 먼 모습이라는 사실을 기억해야 합니다. 하나님께서는 우리가 겪는 일을 통해 이루고자 하시는 선이 있습니다. 바로 다른 영혼을 위해 나를 사용하시고자 고통 가운데 연단받게 하십니다. 고난의 과정 속에서 경험한 하나님, 그 가운데 발견한 하나님으로 인한 즐거움을 나누어 줄 수 있는 통로로 삼으시려고, 또 자신의 백성을 고난 가운데 있는 다른 형제와 자매, 이웃들을 공감하며 애절한 마음으로 섬기는 자로 세우십니다.

　이것은 작은 일이 아닙니다. 악과 고통이 있는 세상에서 하나님이 이루시는 아름답고도 귀한 선입니다. 하나님은 섭리 가운데 이처럼 놀라운 일을 이루십니다. 악이 횡행하는 세상에서 자기 백성을 연단하여 하나님의 거룩한 도구로 사용하시는 것입니다.

　하나님은 고난을 통해 연단된 우리를 통해 세상을 밝히십니다. 짠맛을 내게 하십니다. 세상의 빛과 소금이 되게 하시는 것입니다. 특히 어렵고 문제가 많은 가운데서도 그리스도의 몸인 교회를 이루게 하시고 세상을 섬기게 하십니다.

우리가 속한 공동체 안에는 아직까지도 위로가 필요한 사람들이 많습니다. 그들을 섬길 사람들이 필요합니다. 이를 위해 때로 우리는 연단을 받습니다. 하나님은 우리 주변에서 고통당하는 수많은 사람, 특히 하나님의 백성 공동체 안에서 고난을 겪는 영혼들을 돕는 데 우리의 고통을 사용하십니다.

이처럼 하나님은 우리의 고통을 포함한 모든 일 가운데 선을 이루십니다. 그리고 결국 로마서 8장 29절 말씀대로 우리로 하여금 그 아들의 형상을 본받게 하십니다. 달리 말해, 영원한 하나님의 백성 공동체, 곧 새 하늘과 새 땅에 거할 백성 공동체에 속할 자의 모습으로 빚으십니다. 하나님과 영원한 교제를 누릴 거룩하고 아름다운 백성의 모습을 갖도록 하시는 것입니다.

우리가 소망하는 미래

그러므로 하나님의 백성 된 우리는 악과 고통을 당할 때도 궁극적인 소망을 가질 수 있습니다. 마지막이 좋을 것이라는 기대를 할 수 있습니다. 현재 악과 고통을 치열하게 경험한다고 할지라도 마지막에는 우리를 위한 하나님의 선이 있을 것입니다. 새 하늘과 새 땅에서 참된 백성이 아들의 형상을 가지고 다 모이게 될 것입니다. 우리는 마지막에 대한 기대와 소망을 가질 수 있습니다. 이것이 기독교의 비밀입니다.

지금 고통을 경험하고 있더라도 앞에 있는 것을 바라봅시다. 하나님이 주권적으로 이루실 장래의 온전함을 바라보며 서로 인내하기를 격려합시다. 그렇게 서로를 세워 갑시다. 악과 고통을 경험할 때마다 이 과정을 지나 결국 우리가 보게 될 놀라운 하나님의 선이 있다는 것을 생각하십시오. 하나님의 계시인 성경이 가르쳐 주는 사실을 붙드는 자는 세상 사람들과는 다르게 악과 고통을 경험하며, 그것을 이기며 나아갈 수 있습니다.

마지막에 온전히 이루어질 하나님의 선을 기억하십시오. 하나님이 이루실 선이 신자의 최종 운명입니다. 이것을 믿고 주어진 현실을 믿음으로 살아갑시다.

"그가 시험을 받아 고난을 당하셨은즉
시험받는 자들을 능히 도우실 수 있느니라"(히 2:18).

"우리에게 있는 대제사장은 우리의 연약함을 동정하지 못하실 이가 아니요
모든 일에 우리와 똑같이 시험을 받으신 이로되 죄는 없으시니라"(히 4:15).

06

승리
이미 이긴 고통

악과 고통에 치른 가장 값비싼 대가

우리는 고통을 당할 때 하나님이 우리 안에 궁극적인 선을 이루시기 위해 고통을 허락하셨음을 인정한다고 해도, 여전히 가혹함을 느낍니다. 하나님이 우리를 이렇게 다루시는 것은 인간인 우리가 당하는 고통을 모르시기 때문이라는 마음을 갖게 되는 것입니다. 그러나 하나님은 우리가 당하는 고통을 절대 모르지 않으십니다. 하나님은 우리의 고통에 대해 무감각한 방관자가 아니십니다.

하나님은 우리의 고통을 아십니다. 육신을 입고 오셔서 우리가 세상에서 겪는 악과 고통을 친히 겪으셨습니다. 이 땅의 많은 악과 고통을 경험하시고 결정적으로 십자가를 지셨습니다. 죄가 없으셨음에도 끔찍한 십자가형을 통해 가장 악하고 가장 부당한 고통을 당하셨습니다. 육신을 입고 이 땅에 오신 그분은 성자 하나님이십니다. 성자 하나님이 우리가 당하는 악과 고통을 친히 아신 것입니다.

우리는 그리스도의 십자가를 말할 때, 그로 말미암아서 우리가 얻게 된 유익을 주로 생각합니다. 즉, 그리스도께서 십자가에서 우리의 죄를 대속하심으로써 '우리가 하나님과 화목하게 되었다', '율법의 정죄와 죄로 인한 죽음과 형벌을 면하게 되었다', '의롭다 하심을 얻게 되었다', '하나님의 자녀라는 영광스럽고 복된 신분과 지위를 갖게 되었다' 등 십자가가 우리에게 미친 은혜로운 결과만을 생각합니다.

그러나 그리스도의 십자가는 우리에게만 영향을 미치지 않았습니다. 하나님께도 영향을 미쳤습니다. 물론 우리가 하나님 안에서 일어난 그 일의 실체를 다 알기에는 역부족이지만, 분명 그리스도께서 십자가에 달려 돌아가심으로 하나님께 미친 영향이 있습니다.

하나님은 본질상 죄로 인한 어떤 악이나 고통을 경험할 수 없는 분이십니다. 그러나 성자 하나님이 이 땅에 오셔서 우리의 죄를 지심으로 악과 고통을 친히 경험하셨습니다. 특히 우리의 죄를 지고 달리신 십자가에서 악과 고통을 극도로 경험하셨습니다. 이로써 그분은 우리가 경험하는 악과 고통을 친히 아십니다.

우리는 죄가 없으시고 본성상 죄로 인한 악과 고통을 당할 수 없으신 하나님이 이와 같이 하신 것의 실체를 다 설명할 수 없습니다. 성자 하나님은 십자가에서 성부 하나님으로부터의 단절을 처음으로 경험하셨습니다. "엘리 엘리 라마 사박다니 … 나의 하나님, 나의 하나님, 어찌하여 나를 버리셨나이까"(마 27:46)라는 외침에서 알 수 있듯이, 하나님께 버림받는 고통을 당하셨습니다. 죄로 말미암아 생겨난 악과 고통을 처절하게 겪으신 것입니다.

이처럼 하나님은 이 세상의 악과 고통에 대해 방관자로 계시지 않습니다. 성자 하나님이 친히 그 고통을 당하셨습니다. 성부 하나님 또한 독생자가 자신의 피조물들에게 잡혀 모욕을 당하시고 십자가에 달려 돌아가시는 것을 보셨습니다. 성부, 성자, 성령 사이의 헤아릴 수 없이 깊고 풍성한 관계와 결속과 사랑을 생각해 보십시오. 독생자가 십자가에 달려 돌아가신 것은 그것을 보시는 하나님 아버지의 고통이기도 했습니다. 존 소비노(Jon Sobino)라는 사람은 이렇게 말했습니다.

"예수님이 십자가에 달리실 때 하나님 자신이 거기에 못 박히셨다. 아버지께서 아들의 죽음을 맛보시고 그 자신이 역사의 아픔과 고통을 친히 감당하신 것이다. … (인간과의 궁극적인 일치를 나타내신 이 사건에서) 하나님은 자신을 사랑의 하나님으로 계시하신다."[1]

성부와 성자 하나님과 사랑으로 연합되어 계신 성령 하나님 역시 그 고통에 참여하셨습니다. 우리의 창조주이신 성부, 성자, 성령 하나님이 죄에 빠진 우리를 구속하기 위한 고통을 다 겪으신 것입니다. 우리를 사랑하심으로써 우리의 고통을 친히 감당하시고 아신 것입니다. 그저 아시는 정도가 아니라, 이 세상의 악과 고통에 대해 가장 값비싼 대가를 지불하신 분이 바로 하나님이십니다. 하나님은 우리 죄를 속하기 위해서 화목 제물로 자기 아들을 보내셨고(요일 4:10), 그 누구도 치를 수 없는 값비싼 대가를 지불하셨습니다.

그리스도의 십자가와 우리의 고통

종종 사람들은 큰 고통을 당할 때 "하나님은 도대체 뭘 하시는가? 내가 겪는 고통에 대해서 아시기는 한가?" 하고 묻습니다. 그에 대해서 존 스토트(John Stott)는 하나님의 마지막 심판 날을 상상하며 다음과 같이 말했습니다.

"대부분의 사람들은 뒤로 물러나 있지만 몇몇은 보좌 앞에 몰려와 성난 목소리로 높인다. '하나님이 우리를 심판할 자격이 있는가? 그분이 고통에 대해서 뭘 아는가?' 한 여인이 소리를 지르며 소매를 찢자 나치 강제 수용소에서 강제로 낙인을 찍은 죄수 번호가 드러난다. '우리는 공포를 경험했어. 매질과 고문과 죽음의 공포!' 사람들이 뒤를 이어 차례로 하나님이 허락하신 악과 고통에 대한 불만을 토로한다. '하나님이 애곡과 굶주림과 미움에 관해 뭘 아시는가? 하나님은 천국에서 안락한 삶을 누리고 계시지 않는가?'
히로시마에서 온 사람들, 기형을 안고 태어난 사람들, 살해를 당한 사람들, 각 부류가 대표를 하나님께 보낸다. 그들은 하나님이 자신들을 심판하기 전에 자신들과 같은 인간의 모습으로 땅에서 살며 고통을 겪어 봐야 한다고 말한 뒤 요구 사항을 전한다. 그들의 요구 사항은 다음과 같다.

'그를 유태인으로 태어나게 하라. 사생아라는 의심을 받게 하라. 가장 친한 친구들에게 배신을 당하게 하라. 억울한 누명을 쓰게 하라. 편파적인 검사들에게 심문을 받고 비겁한 재판관들에게 판결을 받게 하라. 고문을 받게 하라. 지독한 외로움을 맛보게 하라. 그리고 나서 온 세상에게 버림을 받아 피투성이로 죽게 하라.'

리더들이 요구 사항을 전달하고 나자 갑자기 주위가 조용해진다. 아무도 움직이지 않는다. 모든 사람의 얼굴에 곤혹감이 가득하다. 왜냐하면 하나님이 그 요구 사항을 이미 들어주셨다는 것을 갑자기 모든 사람이 깨달았기 때문이다."[2]

주님은 우리를 죄악에서 건지시기 위해서 죄 없는 자신의 생명을 버리시고 죄인들의 손에 고통을 당하셨습니다. 히브리서 말씀처럼 자기가 시험을 받아 고난을 당하심으로써 시험받는 자들을 능히 도우실 수 있는 조건을 취하셨습니다(히 2:18). 죄가 없으시고 본질상 악과 고통 아래 계실 수 없는 하나님이 우리를 사랑하여 구속하기 위해 육신을 취하시고 우리의 질고를 친히 다 아신 것입니다.

육신을 입으신 하나님은 우리의 악과 고통을 피상적으로 연민하시는 정도가 아니라, 우리와 같이 죽음의 두려움을 맛보시고 실제로 죽음을 당하셨습니다. 따라서 우리가 죽음을 두려워하는 것과 사랑하는 이의 죽음으로 인해서 겪는 고통을 잘 아시며, 그 고통을 함께하실 수 있고, 그렇게 하십니다. "우리에게 있는 대제사장은 우리의 연약함을 동정하지 못하실 이가 아니요 모든 일에 우리와 똑같이 시험을 받으신"(히 4:15) 분이십니다.

하나님은 이렇게 독생자가 당한 고통과 죽음 안에서 우리의 고통을 아시고, 그 고통에 함께하십니다. 친히 십자가에서 고통을 당하신 주님이 우리가 극심한 고통 가운데 있을 때 함께하십니다. 하나님이 육신을 입고 십자가에 달려 돌아가신 것은 우리를 죄로부터 구원하시는 것을 넘어 모든 고난과 고통 가운데 있는 우리와 함께하시며 그 고통을 없애시고 그로부터 우리를 건지시기 위해서입니다.

주님이 우리를 위해 감당하신 그 고통은 유일한 고통입니다. 이 세상의 모든 하나님의 백성이 당하는 고통, 아니 이 세상의 모든 고통을 없애 버리고도 남을 정도로 충분한 고통입니다. 그래서 존 스토트는 그리스도의 십자가를 두고 이렇게 말했습니다.

"십자가가 아니면 하나님을 믿지 못할 것이다. 이 고통의 세상에서 홀로 고통을 면한 하나님을 어떻게 섬길 수 있겠는가. 아시아 여러 국가의 절에 가면 불상 앞에 서서 경외감을 품은 적이 있다. 가부좌를 틀고 팔짱을 끼고 눈을 감고 입가에 엷은 미소를 머금고 세상의 고통을 초연한 표정을 지은 부처상. 하지만 매번 얼마 후에는 몸을 돌려야 했다. 그리고 상상 속에서 십자가 쪽으로 몸을 돌렸다.

외롭고 뒤틀리고 처절한 고문을 당하신 분, 손과 발의 못, 찢어진 등, 비틀어진 사지, 가시에 찔려 피를 흘리신 이마, 마른 입술과 참을 수 없는 갈증, 하나님께 어둠 속으로 버림당하신 분. 이것이 바로 나를 위한 하나님이다. 그분은 고통을 막아 주는 방패를 내리셨다. 살과 피, 눈물과 죽음의 우리 세상으로 들어오셨다. 우리를 위해 고통을 당하셨다. 그분의 고통에 비하면 우리의 고통은 그럭저럭 참을 만하다."3

우리의 고통을 아시는 하나님의 위로

하나님은 우리가 당하는 고통을 아십니다. 우리 주님은 우리를 위해 대신 고난당하셨습니다. 주님은 그 고통의 흔적을 가지고 우리의 고통을 동정하시며, 우리가 아파할 때 함께 아파하시며, 우리를 위로하십니다. 주님은 우리 마음의 힘든 것까지 아십니다. 바울은 예수 그리스도 안에서 우리의 고통을 아시는 하나님을 '위로의 하나님'으로 소개합니다.

"찬송하리로다 그는 우리 주 예수 그리스도의 하나님이시요 자비의 아버지시요 모든 위로의 하나님이시며 우리의 모든 환난 중에서 우리를 위로하사 우리로 하여금 하나님께 받는 위로로써 모든 환난 중에 있는 자들을 능히 위로하게 하시는 이시로다 그리스도의 고난이 우리에게 넘친 것같이 우리가 받는 위로도 그리스도로 말미암아 넘치는도다"(고후 1:3-5).

하나님은 환난 중에 있는 우리를 위로하십니다. 바울은 그리스도 안에 있는 우리에게 고난이 넘친다 해도 그에 못지않게 그리스도로 말미암는 위로가 넘친다고 말했습니다. 우리가 당하는 고통을 친히 아시는 그리스도 안에서 하나님이 우리의 위로자가 되신다는 것입니다.

우리는 고난당할 때 이 사실을 기억해야 합니다. 하나님은 우리가 겪는 고난과 무관한 분이 아니십니다. 우리의 고통을 잘 아시는 분입니다. 하나님은 자비의 하나님으로서 고통 중에 있는 자들과 함께하시며 그들의 고통을 함께 나눌 수 있는 분입니다.

그래서 히브리서 기자는 우리가 고통 가운데 있을 때 우리의 고통을 친히 아시고 동정하시는 대제사장이신 주님께 나아가기를 권합니다. 이것이 고통 중에 있는 성도를 위한 최고의 권면입니다. 이것은 그저 종교적인 이론이 아닙니다. 주님은 고통당하는 자들을 돕기 위해 친히 십자가를 지셨습니다. 모든 백성의 죄를 대신 지는 극심한 고통을 당하셨습니다.

고통 중에서 그리스도의 십자가를 보라

그런데 여기서 우리가 갖게 되는 의문이 있습니다. 주님이 우리의 고난과 고통을 동정하시며 그 가운데 있는 우리와 함께하신다는 것을 우리가 어떻게 알 수 있느냐, 그리고 주님이 우리의 고통을 나누어 지심으로써 우리가 얻는 혜택이 무엇이냐는 것입니다.

주님이 우리의 고통을 아시고 함께하시면 우리의 고통이 경감될까요? 만일 그렇지 않다면 주님이 동정하시고 나누어 지신다는 사실이 무슨 의미가 있을까요?

우리는 그리스도의 십자가를 보며 하나님이 우리의 고통에 함께하고 계심을 느낍니다. 하나님은 십자가를 통해 자신이 우리의 아픔을 알며 함께하고 있다는 사실을 우리에게 나타내셨습니다. 그에 대해서 이사야 선지자가 상세히 말한 바 있습니다. 이사야는 "그는 멸시를 받아 사람들에게 버림받았으며 간고를 많이 겪었으며 질고를 아는 자라"(사 53:3)라고 말했습니다.

우리 주님은 우리를 죄에서 구원하시려고, 그리고 우리의 고통을 동정하시며 우리가 고통당할 때 함께하시며 도우시기 위해 멸시를 받으시고 버림받으셨습니다. 고통의 쓴 물을 깊이 들이마시셨습니다.

그리스도께서 십자가에서 당하신 고통을 보십시오. 그 고통은 우리가 현재 당하는 고통과 무관하지 않습니다. 그리스도의 십자가를 통해 우리는 하나님이 우리의 고통을 아시고, 상관하시며, 우리의 고통에 함께하심을 보게 됩니다. 이사야 선지자의 말대로, 그분이 찔리신 것은 우리의 허물 때문이요, 그분이 상하신 것은 우리의 죄악 때문입니다. 그리고 그분이 징계를 받음으로써 우리는 평화를 누리고, 그분이 채찍에 맞음으로 우리는 나음을 받게 되었습니다(사 53:5). 하나님의 독생자가 십자가에 달리신 것은 우리의 슬픔과 모든 죄의 짐을 아시고 함께하시며 해결하시기 위해서입니다.

그러므로 고통당할 때 우리는 혼자가 아닙니다. 하나님이 우리와 함께하십니다. 하나님이 우리와 함께하신다는 말은 단순히 감정이입 정도의 수준에서 우리를 이해하려고 애쓰신다는 말이 아닙니다. 하나님은 우리의 슬픔과 고통을 친히 겪으심으로써 아십니다. 그래서 우리가 경험하는 최악의 고통, 아무도 이해하지 못할 우리의 괴로움과 슬픔을 공감하시며 우리와 교감하십니다.

십자가에 달리신 그리스도와 그분을 내어주신 아버지 하나님을 믿는 그리스도인들은 혼자 고통당하지 않습니다. 그리스도인의 고통은 그리스도께서 아십니다. 우리는 이것을 기억하며 우리의 대제사장이신 주님께 신뢰를 가지고 나아가야 합니다. 우리의 고통과 그 고통으로 인해 괴로운 마음을 아뢰어야 합니다. 우리가 주님께 나아갈 때 우리의 고통을 체휼하시는 그분이 우리의 고통의 짐을 함께 지시며, 우리 영혼에 안식과 위로 주심을 경험하게 됩니다. 성도의 삶에는 이와 같은 경험이 있습니다. 주님이 십자가에서 말씀하셨던 "엘리 엘리 라마 사박다니 … 나의 하나님, 나의 하나님, 어찌하여 나를 버리셨나이까" 하는 고통스러운 부르짖음은 다윗에게 먼저 있었습니다.

시편 22편 1절에서 다윗은 자신이 경험한 절망스러운 끊어짐으로 인해 그렇게 부르짖으며 하나님께 나아갔습니다. 고통 중에도 자신이 의지할 분은 하나님뿐이심을 믿고 그분 앞에 나아가 마음을 토로한 것입니다. 그리고 다윗의 주님이신 그리스도께서는 그와 같은 고난을 당하시고, 그의 마음을 아시고, 그 모든 고난 가운데 다윗과 함께하시며, 다윗의 영혼을 만족하게 하셨습니다.

이와 같은 하나님의 은혜를 고백하는 자는 비단 다윗만이 아닙니다. 이것은 모든 하나님의 백성이 우리의 고통을 체휼하시는 대제사장이신 그리스도께 나아갈 때 그분 안에서 경험하는 은혜입니다. 성경이 그것을 우리에게 증거합니다.

우리는 고통 중에 절망하게 될 때 이런 계시의 말씀을 기억하고 따라야 합니다. 하나님이 하나님의 백성 된 우리를 악과 고통 중에 두실 때 원망과 불평으로 세월을 허비하지 마십시오. 어린아이는 힘들거나 아플 때 부모를 찾습니다. 부모는 아이의 아픔을 알고 아이와 함께하며 아픈 순간을 지나도록 도와주기 때문입니다.

우리에게 주님은 이와 같으십니다. 주님은 우리를 위해 우리의 모든 고통을 친히 경험하여 아시고, 지금도 고통 중에 있는 우리와 함께 하기 위해 우리를 부르십니다. 우리를 찾으십니다. 갈보리 십자가를 보라고 하십니다. 우리 주님은 지금까지도 모든 고통 중에 있는 자들을 부르십니다.

복음성가 "나 가진 재물 없으나"로 알려진 송명희 시인은 자신의 삶을 다음과 같이 요약해서 고백했습니다.

"1963년 어느 초여름 나는 태어났다. 어머니의 양수가 터져 아홉 달 만에 세상에 나온 나는 여물지 못한 계란처럼 힘없이 살다가 생후 일주일쯤 지난 하룻저녁 동안 숨이 멈추었다. 그래서인지 나는 뇌성마비 장애인의 삶을 살게 되었다. 자유롭지 못한 몸과 가난한 집안 살림에 여러 가지 억누르는 환경들이 나를 날마다 서글프게 했지만, 그 속에서 17세의 방황과 설레던 가슴으로 하나님을 만나서 사는 목표를 가졌다. 초등학교 문턱조차 밟지 못했던 나에게 하나님은 시를 불러 주셨다. 그리고 1985년 매스컴을 통해 나는 세상에 알려졌고 저서 25권을 써 하늘의 시인으로 불렸다. 그러나 무리한 활동으로 목 디스크를 얻어 전신마비가 되었고 온몸의 통증으로 시달리고 있다."[4]

그녀가 뇌성마비가 된 것은 안타깝게도 의사의 실수였다고 합니다. 그러나 그녀는 그런 현실에만 갇혀 있지 않고 자신이 바라보는 바를 다음과 같은 시로 표현했습니다.

"그가 눈물을 흘리실 때 나는 웃음을 지었고

그가 슬픔이 있어 슬퍼하실 때 나는 많은 기쁨으로 즐거워하며

그가 고통을 당하실 때 나는 평안히 안식하였네

나는 그의 아픔을 알지 못하였고

나를 위하여 담당하신 질고를 나는 진정 알지 못했노라

계속되는 채찍질과 십자가에 못 박히신

그 사랑을 나는 모르고 있었노라

그가 자신의 살을 찢으실 때 나는 배부르게 먹었고

그가 자신의 피를 흘리실 때는 내가 흡족히 되려고 마시었으며

그가 죽임을 당하실 때 나는 영원히 살기를 원하면서

그의 괴로움을 나는 알지 못했으나

그는 나의 모든 것을 아시었으며

나의 부족함을 넘치도록 채우시네."

송명희 시인은 자신의 여전한 몸 상태와 그로 인한 모든 슬픔과 고통 중에 그리스도의 십자가를 보았습니다. 자신을 위해 앞서 고통을

짊어지신 그리스도의 십자가를 보며 자신과 함께하시며 고통을 감당할 힘을 주시는 하나님을 노래했습니다. 그리고 그 하나님이 허락하실 끝을 보며 살아가고 있습니다. 이것은 아무에게나 있는 삶의 모습이 아닙니다. 우리의 고통을 동정하시며 나눠 지시는 예수 그리스도를 믿는 믿음 안에서만 겪는 경험이요 삶입니다.

우리는 지금 내가 겪는 고통을 이유로 남을 상하게 하며 또 다른 아픔을 만들기 쉽습니다. 고통이 원망과 불평으로, 더 나아가 자학이나 자살로까지 이어지기도 합니다.

견디기 힘든 고통과 슬픔 가운데 있을 때 우리를 위해 모든 죄의 짐을 지신 그리스도의 십자가를 보며 그분께 나아가 도움을 구하는 것이 가장 좋은 길입니다. 찢긴 몸으로 십자가에 달려 이마에 핏방울을 흘리신 주님이 우리의 모든 고통, 즉 육체적, 정신적, 영적 고통을 아십니다. 우리는 십자가의 고통에 우리가 겪는 모든 고난과 고통을 비추어 보아야 합니다.

우리의 '이긴 고통'

하나님의 아들 예수 그리스도는 십자가에서 우리의 죄를 지고 돌아가신 후 사흘 만에 부활하심으로써 우리의 죄와 그로 인한 고통과 죽음과 악한 마귀를 정복하셨습니다. 사망 권세를 폐하시고 우리에게 영원한 생명의 길을 내셨습니다(딤후 1:10).

우리의 고통은 나 혼자 겪는 고통이 아닙니다. 또 지금 우리의 고난의 상태는 궁극적인 결론이 아닙니다. 우리가 겪는 모든 고통은 하나님이 아시는 고통이며 그리스도께서 정복하여 이기신 고통입니다. 하나님은 우리의 고통 가운데 함께하시며, 우리의 고통의 끝을 주장하시며, 고통 중에도 우리를 이끄신다는 사실을 예수 그리스도의 십자가를 통해 나타내셨습니다.

우리의 고통 앞에는 중요한 수식어가 하나 붙습니다. 우리는 '이긴' 고통을 겪는다는 것입니다. 우리의 고통은 우리를 패하게 하는 고통이 아니라 그리스도께서 이기신 고통입니다. 그리스도께서 고통의 원인인 죄를 정복하셨습니다. 어쩌면 지금 암에 걸렸거나 자녀가 불행한 처지에서 무고한 고통을 겪고 있다면, 또는 사고로 가정에 큰 시련을 당하고 있다면, 그리스도께서 고통을 이기셨다는 사실이 별 의미 없는 말처럼 느껴질 수 있습니다.

그러나 그리스도께서 고통의 원인인 죄를 정복하심으로 우리가 겪는 고통의 결말이 달라졌습니다. 예수님을 믿는 우리에게 있는 고통은 파괴적이고 부정적인 결론으로 우리를 이끌지 않습니다. 하나님이 고통을 통해 하나님의 선을 우리 안에 이루십니다. 우리의 고통은 하나님이 우리를 세우고, 우리를 온전케 하고, 마침내는 완전히 자유로운 생명으로 나아가게 하기 위해 사용하시는 도구가 됩니다. 우리의 고통에는 이렇게 긍정적이고 건설적인 의미가 있습니다.

그리스도의 고난이 끝이 좋았던 것처럼 우리의 고난과 고통도 끝이 좋을 것입니다. 우리는 결국 우리의 고통이 '이긴 고통'이라는 것을 다시 한번 확인하게 될 것입니다. 우리는 눈앞에 놓인 고통의 현실만 아니라 신자 된 우리의 고통이 가진 독특한 성격을 믿음으로 보아야 합니다.

바울은 이와 같은 믿음으로 자신에게 닥친 고난을 단순히 견디는 것을 넘어 영원한 영광을 이루게 하는 특권으로 여겼습니다(고후 4:17). 우리도 그와 같은 믿음으로 말미암아 고난 중에서 능력과 승리를 경험하게 됩니다. 약한 데서 우리의 능력이 온전하여지는 경험(고후 12:9)은 바울에게만 아니라 그리스도 안에 있는 모든 신자에게 하나님이 주시는 경험입니다. 이 기이한 결론은 그리스도 안에 있는 우리의 고통이 이긴 고통이기 때문에 가능합니다. 바로 그것이 십자가의 고통 속에 있는 비밀입니다.

넉넉하고 영광스러운 승리

심지어 야고보는 "너희가 여러 가지 시험을 당하거든 온전히 기쁘게 여기라"(약 1:2)고까지 말했습니다. 시험으로 인해 고통스러울 때 그것을 온전히 기쁘게 여기라는 것은 우리가 당하는 고통이 가진 특별한 성격을 전제한 권면입니다. 우리 주님이 우리가 당하는 시험을 깊이 아시며 함께하시기 때문이요, 그 가운데서 하나님이 우리를 위한 선을 이루시기 때문입니다.

바울이 로마서에서 말한 대로, "이 모든 일에 우리를 사랑하시는 이로 말미암아 우리가"(롬 8:37) 이길 수 있습니다. '이 모든 일'이란 이 세상의 악과 고통을 망라한 말입니다. 환난, 곤고, 박해, 기근, 적신, 위험, 칼과 종일 주를 위하여 죽임당하게 되고, 도살당할 양같이 여김 받는 것(롬 8:35-36) 등입니다.

이 모든 고통에 대해서 우리가 넉넉히 이기는 일이 '우리를 사랑하시는 이로 말미암아' 가능합니다. 다시 말해, 우리를 위해 십자가를 지신 그리스도로 말미암아 가능합니다. 우리를 사랑하시어 우리의 모든 고난과 고통을 공감하시며 함께하시는 우리 주님으로 말미암아 우리는 넉넉히 이길 수 있습니다.

우리의 고난과 고통에는 이런 놀라운 사실이 있습니다. 우리는 우리가 겪는 아픔의 단면만 보지만, 고통의 이면에는 이처럼 신비스러운 그리스도와 연관성이 있습니다. 우리의 고통은 그리스도의 십자가와 깊은 연관이 있습니다.

욥은 처절한 고통을 경험했지만, 그 역시 고통 중에 방치되었던 것이 아닙니다. 무엇보다 하나님은 그의 끝을 통해 하나님이 고통 가운데서도 그와 함께하시는 분임을 나타내셨습니다. 우리도 그와 같을 것입니다. 우리 또한 모든 고통과 고난 속에서 이길 것입니다. 우리를 사랑하시는 주님으로 말미암아 넉넉히 이길 것입니다.

더욱이 그리스도 안에 있는 우리는 하나님이 자기 아들을 아끼지 않고 내주신 자들이니(롬 8:32) 확실히 그렇게 될 것입니다. 하나님은 자기 아들을 내주면서까지 사랑하신 우리를 결코 방치하실 수 없습니다. 하나님은 그 아들과 함께 모든 것을, 최후 승리까지 우리에게 주실 것입니다. 고난과 고통 속에서도 우리의 승리를 위해 하나님이 관여하실 것입니다.

앞서 언급했듯이, 우리의 고통에는 성부, 성자, 성령 하나님이 관여해 계십니다. 이것이 우리가 시험당할 때 온전히 기쁘게 여길 이유가 됩니다. 우리의 고난과 고통을 하나님이 아시고 고통 중에 있는 우리와 함께하시며 우리를 도와 넉넉히 이기도록 하십니다. 우리는 그 과정을 통해 하나님과의 교제 속에서 행복을 누리는 영원한 삶을 갖게 될 것입니다. 거룩함을 이루어 가며 하나님의 아들의 형상을 닮아 가게 될 것입니다.

고통을 겪는 현재의 조건에서는 기쁨보다 절망과 탄식이 더 강력하게 우리 안에 생겨나겠지만, 그리스도 안에 있는 우리에게 선한 결론을 주실 하나님을 놓지 마십시오. 하나님은 부패한 본성을 가신 우리, 이기적이며 자기중심적인 우리 안에 결코 자동으로 있을 수 없는 선하고 거룩한 결론을 허락하실 것입니다. 하나님을 알고 하나님이 전부이심을 아는 결론을 허락하실 것입니다.

우리의 결론이 앞서 고난을 겪었던 이 사람의 결론과 같기를 소망합니다. 그는 영국인 중 에이즈 바이러스로 죽은 첫 번째 의사로서, 젊은 그리스도인이었습니다. 그는 짐바브웨에서 의학을 연구하다가 에이즈에 걸리고 말았습니다. 나중에는 아내에게 의사 표현도 제대로 하지 못할 정도로 병세가 깊어졌습니다. 세상을 뜨기 얼마 전에는 아예 말을 하지도 못하고 겨우 J라는 글자만 쓸 뿐이었습니다.

아내는 의학 사전에서 J로 시작하는 단어들을 다 보여 주었습니다. 하지만 그는 매번 고개를 내저었습니다. 마침내 아내가 말했습니다. "혹시 'JESUS'를 말하는 거예요?" 드디어 그가 고개를 끄덕였습니다. 그의 머릿속에는 오직 예수님 생각뿐이었습니다. 그가 하고 싶은 말도 '예수님'뿐이었습니다. 그 순간 아내에게 필요한 말도 '예수님'뿐이었습니다.[5]

이것입니다. 바로 이것이 고난과 고통 속에서 갖는 가장 중요한 결론입니다. 그리스도인들이 겪는 고난과 고통의 최종적인 결론, 하나님이 우리에게 주고 싶어 하시는 것이 바로 이것입니다. 우리가 마지막에 하나님 한 분이 전부이심을 고백하게 되는 것입니다. 오직 그분으로 만족하게 되는 것입니다.

우리는 이 세상에서 모든 것을 잃는 것 같아도, 이 세상을 창조하신 하나님을 얻은 자들입니다. 이 영국인 의사와 같이 주 예수 안에 있는 무한한 복을 알고 소유하여 그로 인해 만족하며 영광스러운 주님과 영원한 생명을 누릴 자들입니다. 이와 같은 사람은 세상에서 모든 것을 잃은 것 같지만 사실상 모든 것을 가진 자입니다. 이 세상을 창조하신 예수 그리스도를 소유하고 그분 안에서의 복을 누리는 결론에 이른 자입니다. 이것이 신자가 가진 고통의 최종 결론입니다.

우리도 잠시 후에 그것을 알게 될 것입니다. 하나님은 잠시, 잠깐 후면 이 세상의 고통과 고난 속에서 우리를 다루시어 최고의 결론을 갖게 하십니다. 놀랍게도 고난이 없으면 하나님을 찾으려 하지 않는 어리석은 우리를 다루시어, 하나님 안에 있는 복으로 신비롭게 이끄십니다. 우리가 모두 하나님이 주시는 이러한 결론을 갖게 되기를 바랍니다. 하나님만이, 오직 주 예수님만이 우리의 전부이심을 고백하게 되는 복을 이 땅에서부터 알고 누리기를 바랍니다.

우리의 고통 앞에는 중요한 수식어가 하나 붙습니다.
우리는 '이긴' 고통을 겪는다는 것입니다.
우리의 고통은 우리를 패하게 하는 고통이 아니라
그리스도께서 이기신 고통입니다.

"그 바라는 것은 피조물도 썩어짐의 종노릇한 데서 해방되어 하나님의 자녀들의 영광의 자유에 이르는 것이니라"(롬 8:21).

"또 내가 새 하늘과 새 땅을 보니 처음 하늘과 처음 땅이 없어졌고 바다도 다시 있지 않더라 또 내가 보매 거룩한 성 새 예루살렘이 하나님께로부터 하늘에서 내려오니 그 준비한 것이 신부가 남편을 위하여 단장한 것 같더라 내가 들으니 보좌에서 큰 음성이 나서 이르되 보라 하나님의 장막이 사람들과 함께 있으매 하나님이 그들과 함께 계시리니 그들은 하나님의 백성이 되고 하나님은 친히 그들과 함께 계셔서 모든 눈물을 그 눈에서 닦아 주시니 다시는 사망이 없고 애통하는 것이나 곡하는 것이나 아픈 것이 다시 있지 아니하리니 처음 것들이 다 지나갔음이러라 보좌에 앉으신 이가 이르시되 보라 내가 만물을 새롭게 하노라 하시고 또 이르시되 이 말은 신실하고 참되니 기록하라 하시고 또 내게 말씀하시되 이루었도다 나는 알파와 오메가요 처음과 마지막이라 내가 생명수 샘물을 목마른 자에게 값없이 주리니 이기는 자는 이것들을 상속으로 받으리라 나는 그의 하나님이 되고 그는 내 아들이 되리라 그러나 두려워하는 자들과 믿지 아니하는 자들과 흉악한 자들과 살인자들과 음행하는 자들과 점술가들과 우상 숭배자들과 거짓말하는 모든 자들은 불과 유황으로 타는 못에 던져지리니 이것이 둘째 사망이라…성령으로 나를 데리고 크고 높은 산으로 올라가 하나님께로부터 하늘에서 내려오는 거룩한 성 예루살렘을 보이니…그 성은 해나 달의 비침이 쓸데없으니 이는 하나님의 영광이 비치고 어린양이 그 등불이 되심이라"(계 21:1-8, 10, 23).

"또 그가 수정같이 맑은 생명수의 강을 내게 보이니 하나님과 및 어린양의 보좌로부터 나와서 길 가운데로 흐르더라 강 좌우에 생명나무가 있어 열두 가지 열매를 맺되 달마다 그 열매를 맺고 그 나무 잎사귀들은 만국을 치료하기 위하여 있더라 다시 저주가 없으며 하나님과 그 어린양의 보좌가 그 가운데에 있으리니 그의 종들이 그를 섬기며 그의 얼굴을 볼 터이요 그의 이름도 그들의 이마에 있으리라 다시 밤이 없겠고 등불과 햇빛이 쓸데없으니 이는 주 하나님이 그들에게 비치심이라 그들이 세세토록 왕 노릇 하리로다"(계 22:1-5).

07

소망
새 하늘과 새 땅

더 나은 결론에 대한 소망

아담과 하와의 타락으로 인하여 우리는 낙원을 상실하고 죄 아래 있게 되었습니다. 그때부터 지금까지 우리는 악과 고통이 있는 이 세상의 조건에서 괴로움을 겪고 있습니다. 그러나 지금의 이러한 조건은 영원하지 않습니다. 아담의 타락 이래로 하나님은 계속 최종적으로 우리에게 주고자 하시는 결론을 말씀해 오셨습니다. 그 결론은 지금 우리를 신음하게 하는 악과 고통이 전혀 없는 '새 하늘과 새 땅'입니다.

이 최종적인 장래에 대한 예언은 구약에서부터 있어 왔지만, 특히 하나님은 사도 요한을 통해 더욱 풍성하게 말씀해 주셨습니다. 요한계시록 21장부터 22장 5절까지는 아담 이래로 모든 하나님의 백성이 소망하고 기다려 온 새 하늘과 새 땅에 대한 풍성한 계시를 담고 있습니다. 이 말씀은 이 땅에서 악과 고통을 피할 수 없는 우리가 그리스도 안에서 고대하는 소망이 무엇인지 명쾌하게 말해 줍니다.

물론 이 땅의 악과 고통은 그리스도인들에게만 괴로움을 주지 않습니다. 예수님을 믿지 않는 자들도 악과 고통으로 인해 신음하며 '더 나은 어떤 곳'을 그리며 기대합니다. 그래서 많은 사람이 자신이 사랑하는 사람들이 먼저 세상을 떠났을 때 이 세상보다 더 나은 곳에서 쉬기를 바랍니다. 특히 그 사람이 오래 고생하다가 사망했거나, 무고하게 억울한 죽임을 당했거나, 심한 고통을 견디지 못해 자살했다면 더욱 그러기를 바랍니다. 알리스터 맥그래스(Alister McGrath)는 사람들의 이런 바람과 기대에 관하여 다음과 같이 말했습니다.

"사람들은 마음속 깊은 곳에서 어딘가에 뭔가 더 나은 곳이 분명히 있다고 느낀다. 이런 감정은 진짜이고 중요할뿐더러 대단히 중대한 기능을 한다. 우리의 자연적인 본능은 '왜 세상은 더 나아질 수 없는가? 세상이 더 나아지지 않기 때문에 우리는 하나님을 믿고 싶지 않다'고 항변한다. … 왜 우리는 매사가 이보다 더 나을 수 있다는 뿌리 깊은 의식을 지니고 있는가? 이런 의식은 어디에서 오는가?
중요한 대답은 아우구스티누스에서 밀턴에 이르는 탁월한 그리스도인 저자들에게서 들을 수 있다. 그들은 우리가 아는 이 세상에 대해 많은 면에서 깊은 부족감을 느끼는 까닭은 향수, 곧 잃어버린 에덴을 향한 갈망, 고난과 죽음이 존재하지 않는 나라로 들어가고자 하는 마음 때문이라고 주장한다. 또한 에덴에 대한 이러한 추억은 또한 하늘의 예루살렘 에덴의 지복이 회복됨에 따라 고난과 죽음이 다시 한번 없어질 그곳에 대한 기대이기도 하다. 따라서 우리의 불만족은 이런 잊히지 않는 에덴의 지복에 대한 기억이다. 그것은 순결했던 창조의 처음 며칠에 대한 갈망 때문에 생겨난다. 그것은 언젠가 그리스도 안에 있는 구속의 과정을 통해 회복될 것이다.

그러므로 이런 불만은 또한 예언의 성격을 띤다. 그것은 내세에 관한 기독교적인 소망이 성취될 것을 가리킨다. 지금 이 세상보다 더 나은 세상이 분명 있다. 그리고 그것은 하늘의 예루살렘에서 실현될 것이다. 바로 이 점에서 기독교적인 소망은 존재를 드러낸다. 복음은 언젠가 그런 세상이 존재할 것이라고 선포하기 때문이다. 그것은 우리가 지금 아는 세상이 새 하늘과 새 땅으로 대체될 것이라고 주장한다. 이런 불만은 하나님이 주신 것으로, 이 세상이 우리의 고향이 아니라는 것을 상기시킨다. 그것은 우리가 앞으로 올 세상을 열망하도록 하기 위함이다."[1]

예수님을 믿지 않는 사람들도 가지고 있는 '더 나은 세상'에 대한 기대는 악과 고통이 있는 이 세상의 불만족 속에서 상실한 무언가의 회복을 갈구하는 것이라고 할 수 있습니다. 그러나 그들은 구체적으로 자신들이 무엇을 갈망하고 있는지는 대답하지 못합니다. 그것을 알지 못합니다.

오직 성경이 말해 주는 소망의 실체

오직 성경만이 사람들이 막연하게 기대하는 것의 실체를 말해 줍니다. 따라서 더 나은 것에 대한 구체적인 소망은 믿음 안에서, 특별히 하나님의 말씀을 믿는 믿음 안에서만 가능합니다. 성경은 장차 올 더 나은 결론이 오직 십자가에 달려 돌아가신 하나님의 어린양 예수 그리스도 안에서만 우리에게 허락된다고 말해 줍니다.

요한계시록 21-22장에서도 이것을 명확하게 강조합니다. 예수 그리스도를 믿지 않는 자들은 더 나은 세상은커녕 더 고통스러운 상태에 이르게 될 것을 말합니다. 놀랍게도, 믿지 않는 자들이 죽음 이후 갖게 될 상태는 이 세상에서의 고통과 비교도 안 되는 고통을 영원히 받는 상태입니다. 성경이 말하는 새 하늘과 새 땅은 이 세상의 모든 사람을 위해 예비된 곳이 아닙니다. 새 하늘과 새 땅은 악과 고통이 있는 이 땅에서 예수 그리스도를 믿는 믿음을 지킨 자들을 위해 예비된 곳입니다. '이기는 자'가 상속받을 곳입니다.

하나님은 이 세상의 악과 고통에 대한 최종적인 결론으로 새 하늘과 새 땅을 허락하십니다. 새 하늘과 새 땅 이전의 이 세상, 곧 처음 세상은 죄로 말미암아 모든 피조물이 썩어짐의 종노릇하는 세상입니다(롬 8:20-22). 하나님은 그와 같은 처음 세상을 새 하늘과 새 땅으로 새롭게 바꾸실 것입니다(계 21:1).

그런데 '새 하늘과 새 땅'에서 '새'에 해당하는 헬라어 'καινός'는 시간적인 새로움보다 질적인 새로움을 강조하는 단어입니다. 즉, 성경이 말하는 새 하늘과 새 땅은 단순히 최신의 것이 아니라, 지금 이 세상에 있는 모든 죄와 악이 제거된 새로운 상태의 세상입니다. 이 새로움에는 당연히 죄로 인해 이 세상에 생긴 온갖 부정적인 결과들, 특히 모든 종류의 고통까지 완전히 제거된 조건이 포함됩니다.

악과 고통을 처절하게 경험하면서 살아온 우리에게 성경이 말하는 이런 새로움은 심히 흥분되는 내용입니다. 그 새로운 세상은 악이 완전히 사라지고, 영원히 사라진 세상입니다. 요한계시록의 말씀은 새 하늘과 새 땅에 없는 여러 가지를 구체적으로 말해 줍니다.

새 하늘과 새 땅에 없는 것들

첫째, 요한계시록 21장 1절은 우리가 장차 이르게 될 새 하늘과 새 땅에는 '바다가 없다'는 사실을 강조합니다. 처음 하늘과 땅이 없어질 때 당연히 바다도 없어질 텐데 굳이 바다가 없어졌다는 사실이 언급되고 있는 것은 성경에서 바다가 갖는 상징적인 의미 때문입니다.

요한계시록 20장 13절은 바다를 '사망과 음부'와 동일시합니다. 또 요한계시록에서 바다는 성도들을 박해하는 용과 짐승의 본거지로 묘사되기도 합니다(계 12:17, 13:1). 즉, 바다는 혼돈과 악의 상징으로 사용됩니다. 그런데 새 하늘과 새 땅에 대한 묘사에서 가장 먼저 "바다도 다시 있지 않더라"라고 말하는 것입니다. 그 새로운 세계, 새 질서 속에는 더 이상 악과 혼돈이 존재하지 않는다는 말입니다. 이것은 온갖 악과 고통을 목격하고 경험하며 이 세상을 사는 우리에게 큰 소망이 되는 내용입니다. 새 하늘과 새 땅에는 우리를 불안하게 하는 악과 혼돈이 없을 것입니다.

이 새로움은 정말 놀라운 것입니다. 지금은 이 세상 어느 곳도 온전히 안전하지 못합니다. 선진국으로 알려진 어떤 나라를 가더라도 위험과 불안함이 있습니다. 그러나 새 하늘과 새 땅에는 혼돈이 없고, 그로 인한 고통과 시험도 없습니다. 사망과 음부는 불 못에 던져지고 (계 20:14), 바다도 다시 있지 않습니다(계 21:1).

둘째, 요한계시록 21장 4절 역시 세상의 악과 고통과 관련된 '없어질 것들'을 언급합니다. 곧 "사망이 없고 애통하는 것이나 곡하는 것이나 아픈 것이 다시 있지 아니하리니"라고 말합니다. 대신 하나님이 눈물을 그 백성의 눈에서 닦아 주신다고 합니다.

하나님의 백성은 이 땅에서 고난과 고통 속에서도 믿음을 지키며 눈물을 흘립니다. 애통한 마음을 갖기도 하고, 때로는 곡하기도 합니다. 하지만 하나님이 그들의 눈물을 닦아 주시며 그들에게 영원한 위로를 주십니다. 그리고 더 이상 악과 고통 속에서 눈물을 흘리지 않게 하십니다. 사망이 없고, 애통하는 것이나 곡하는 것이나 아픈 것이 다시 있지 않게 하십니다.

오늘날 수많은 병원의 중환자실들과 영안실에는 사망과 애통하는 것과 질병으로 인한 고통이 가득합니다. 이 세상에서 이런 일들은 잠시라도 멈춘 적이 없습니다.

역사학자 윌 듀란트(Will Durant)는 지금까지 인류 역사 속에서 전쟁이 없었던 기간은 단 29일이라고 말합니다. 물론 그조차도 자료로 남아 있는 전쟁들만 헤아려 본 연구 결과입니다. 인류의 역사는 전쟁 외에도 수많은 폭력과 억압과 착취와 속임수와 질병의 고통과 그로 인한 슬픔으로 점철되어 있습니다. 인류 역사 속에 사망과 애통하는 것과 곡하는 소리와 질병이 잠시도 멈추지 않았던 것입니다.

그런데 새 하늘과 새 땅에서는 잠깐이 아닌 영원토록 이런 것들이 전혀 없을 것입니다. 이것은 우리에게 소망을 주는 놀라운 말씀입니다. R. C. 스프로울은 새 예루살렘에는 묘지도 없고, 화장터도 없고, 장의사도 없고, 병원도 없고, 진통제도 없다고 말했습니다. 이러한 새 하늘과 새 땅이 지금 이 세상의 악과 고통 가운데서 씨름하는 우리를 위해 주시는 하나님의 대답이요, 최종적인 결론입니다.

셋째, 요한계시록 21장 25절은 새 하늘과 새 땅의 지성소인 새 예루살렘 성문들을 닫을 일이 없다고 말합니다. 과거에는 밤이 되면 위험한 자들이 들어오지 못하게 성문을 닫았습니다. 그러나 새 하늘과 새 땅에는 그럴 일이 없습니다. 하나님 자신이 빛이 되시어 밤이 없고 낮이 영원토록 계속될 것이기 때문입니다. 요한계시록 22장 5절도 이와 비슷한 사실을 말합니다. "다시 밤이 없겠고." 다시 말해, 새 하늘과 새 땅에는 죄의 위험이 더 이상 없다는 것입니다.

지금 이 세상의 밤에는 위험이 가득합니다. 밤이 되면 모든 사람이 문을 잠그고, 특히 혼자 사는 사람들은 더욱 조심합니다. 그러나 새 하늘과 새 땅에서는 죄로 인한 그 어떤 파괴나 위협도 없고, 그로 인해 고통당하는 일도 없습니다.

넷째, 요한계시록 21장 27절은 새 예루살렘에 '속된 것이나 가증한 일 또는 거짓말하는 자'는 결코 들어가지 못한다고 말합니다. 그 거룩한 성을 더럽히는 자는 새 하늘과 새 땅을 상속하지 못합니다. '자기 두루마기를 빠는 자들'이 새 예루살렘에 들어갈 권세를 얻습니다(계 22:14). 곧 그리스도의 피로 정결케 된 자요, 물과 성령으로 거듭난 자(요 3:5), 어린아이와 같이 된 자(마 18:3), 아버지의 뜻대로 행하는 자(마 7:21)가 그곳에 들어갈 것입니다.

천국에는 아무나 들어가지 못합니다. 교회에 왔다 갔다 한다고, 부모를 따라서 교회에 오래 다녔다고 해서 천국에 가는 것이 아닙니다.

먼저, 속된 것은 천국에 들어가지 못합니다. 여기서 '속되다'는 것은 요한계시록 16-18상에 나오는 짐승의 나라의 특징과 밀접히 관련되어 있습니다. 또 마가복음에서 더러운 귀신으로 불리는 악의 세력과도 관련된 표현입니다(막 1:23, 3:30, 5:2, 6:7, 7:25, 9:25 등). 이처럼 하나님의 거룩하심을 더럽히는 자들은 천국에 영원히 들어가지 못합니다.

또 가증한 일을 행하는 자와 거짓말하는 자도 천국에 들어가지 못합니다. 입술로는 신앙을 고백해도 자신의 고백과 모순되게 살아가는 거짓 신자를 포함하여 거짓말하는 이방인 모두 천국에 들어가지 못하는 것입니다. 성경 진리를 왜곡하여 다른 복음을 전하는 것 또한 거짓말하는 거짓 선지자에 해당합니다.

하나님이 그분의 백성에게 최종적으로 이르게 하실 새 하늘과 새 땅에는 악과 고통을 일으킬 그 어떤 것도 완전히, 그리고 영원히 허용되지 않습니다. 그러므로 여러 가지 죄가 있는 우리를 하나님의 나라에 들어가게 하실 때에는 그리스도의 피로 씻음 받게 하십니다.

마지막으로, 요한계시록 22장 3절은 새 하늘과 새 땅에 악과 고통에 관한 저주가 없을 것이라고 말합니다. 아담의 죄로 인해 땅은 저주를 받았습니다. 그리고 이로써 모든 피조 세계가 썩어짐의 종노릇을 하게 되었습니다. 저주는 하나님의 복을 상실하게 하고 하나님의 임재로부터 단절시킵니다. 독생자 예수 그리스도께서도 저주를 받아 십자가에 달리셨을 때 하나님 아버지로부터 단절을 경험하셨습니다. 여기 '저주가 없다'는 말은 하나님의 임재로부터 단절됨도 없다는 의미입니다.

이 땅에서 고통을 당할 때 고통 자체보다 우리를 절망으로 몰아넣는 것이 있습니다. 우리는 고통 가운데서 하나님이 계시지 않은 것 같고 하나님이 나를 버리신 것 같은 경험을 갖습니다. 그것이 우리를 가장 힘들게 합니다. 욥의 경우도 그러했습니다. 물론 하나님은 고통당하는 욥과 함께 계셨습니다. 하지만 욥은 악과 고통의 현실 가운데 하나님과의 관계가 끊어진 것 같은 경험을 했습니다. 이처럼 악과 고통이 있는 이 세상에서 우리는 하나님과의 관계에 한계를 경험합니다. 그러나 새 하늘과 새 땅에서는 하나님이 계시지 않은 것 같은 경험이 한순간도 있을 수 없습니다.

요한계시록 22장 3절은 "다시 저주가 없으며"라고 말한 뒤에, 곧이어 "하나님과 그 어린양의 보좌가 그 가운데에 있으리니"라고 말합니다. 하나님의 분명한 임재를 말하고 있습니다. 또한 그 앞에서 하나님의 백성이 하나님을 섬기며 그분의 얼굴을 볼 것이라고 합니다. 새 하늘과 새 땅에는 저주와 불순종과 관계의 단절이 끝나고, 자발적인 섬김과 기쁨의 교제가 있을 것입니다. 이것은 하나님의 백성이 가장 사모하는 바입니다. 죄로 인한 아무런 방해도 받지 않고 하나님의 임재를 영원히 즐거워하는 이것이 우리가 사모하는 바입니다.

힘써 싸워 이기는 자를 위한 소망

새 하늘과 새 땅에 대한 요한계시록 본문에는 악과 고통의 근원이 완전히 제거된 상태가 묘사되어 있습니다. 더불어 우리가 주목해 보아야 할 한 가지 사실이 더 있습니다. 그것은 21장 7-8절의 말씀입니다. 이기는 자는 새 하늘과 새 땅의 모든 것을 상속받지만, 두려워하는 자, 믿는 않는 자, 거짓말하는 자 등은 불 못에 던져지리라는 것입니다.

요한계시록의 일차 수신자인 아시아의 일곱 교회는 그리스도인 공동체입니다. 그럼에도 요한계시록에서는 '이기는 자'를 계속 강조합니다. 앞 장에서 살폈듯, 신자인 우리는 그리스도 안에서 '이긴 고통'을 겪습니다. 하지만 그 승리는 자동적으로 주어지는 것이 아닙니다. 하나님이 주시는 승리는 우리에게 이기는 자의 모습을 갖게 하시는 가운데 허락됩니다.

즉, 하나님은 그분의 백성으로 하여금 악과 고통이 있는 이 세상에서 이 세상의 압력과 시련과 시험에 굴복하지 않고 믿음으로 이기는 자가 되게 하시는 것입니다. 새 하늘과 새 땅의 소망은 입술로만 믿음을 고백하고, 결국에는 악과 고통이 있는 세상의 압력에 굴복하여 죄에 빠지며, 믿음을 떠나는 자를 위한 것이 아닙니다.

요한계시록이 기록된 주후 1세기 상황을 생각해 보십시오. 당시 교회에는 예수님을 믿는 것 때문에 당할 압력과 시험에 대한 두려움이 있었을 것입니다. 그러나 요한계시록의 말씀은 지금 악과 고통이 있는 것이 현실이듯이 악과 고통이 전혀 없는 장래의 현실, 곧 새 하늘과 새 땅 또한 엄연한 현실로 말하고 있습니다.

신자는 이 두 현실 사이에 있습니다. 그러나 새 하늘과 새 땅에 이르는 자들은 미래에 대한 분명한 소망을 가지고 예수 그리스도를 믿는 믿음으로 지금 이 현실의 압력을 이기는 자들일 것입니다. 지금 우리가 이 세상에서 악과 고통을 어떻게 대하고 있느냐가 우리의 최종적인 결론과 밀접하게 연결되어 있다는 말입니다.

이것이 요한계시록이 우리에게 던지는 메시지입니다. 악과 고통을 겪고 있는 이 현실은 영원하지 않고 한시적입니다. 그것을 알고 지금의 현실을 넘어 예수 그리스도 안에서 허락될 새 하늘과 새 땅에서의 완전한 삶을 소망하며 믿음으로 이기며 나아가라고 권하는 것입니다. 욥이 많은 고난 가운데서도 결국 하나님 한 분을 붙들고 믿음으로 악과 고통을 이겼듯이 너희도 그리하라는 것입니다.

우리는 이기는 자여야 합니다. 단순히 예수님을 믿는다는 말만 하는 것이 아니라, 실제로 믿음으로 우리의 고통이 '이긴 고통'임을 경험해야 합니다. 비록 악과 고통이 우리를 정말 괴롭게 하지만, 그럼에도 우리의 대제사장이신 예수 그리스도, 우리를 동정하시는 우리 주님의 도움을 구하며 싸워야 합니다. 그분이 우리의 짐을 대신 지시고 도우시는 것에 힘입어 악과 고통을 이기는 자가 되어야 합니다. 악과 고통의 현실에 굴복하고 두려워서 피하는 자가 되지 말아야 합니다.

신자는 악과 고통이 있는 이 세상에서 혼자 싸우지 않습니다. 우리가 경험하는 고통은 예수 그리스도와 관련되어 있고, 성부 하나님과 관련되어 있고, 성령 하나님과 관련되어 있습니다. 우리에게는 고통의 경험조차 삼위 하나님과 관련된 엄청난 특권입니다.

하나님은 우리를 인격적인 존재로 대하십니다. 곧 책임이 있는 존재로 대하십니다. 우리 앞에 있는 이 싸움에 수동적으로 임하게 하지 않으시고, 끝까지 믿음을 지키는 가운데 하나님이 주시는 승리를 경험하게 하십니다. 하나님이 욥의 인내 끝에 자신의 현존을 드러내셨듯이, 우리에게도 이 땅에서부터 승리를 허락하겠다고 하시는 것입니다. 하나님을 믿음으로써 싸워 승리하도록 말입니다. 성도는 그렇게 하나님 안에서 만족하는 참된 행복을 경험하며, 이 땅에서부터 은혜를 누리다가 악과 고통이 전혀 없는 완전한 새 하늘과 새 땅으로 인도함을 받습니다.

이와 같은 은혜의 실체를 가볍게 생각하지 마십시오. 이것을 굳게 믿지 않는 자들은 결국 그들의 입술의 고백과는 달리 이 세상에서 당하는 악과 고통 앞에서 자신의 믿음 없음, 또는 자기 믿음의 거짓됨을 드러내게 될 것입니다. 비록 우리는 지금도 큰 고통을 당하고 있거나 아직 오지 않은 고통을 앞에 두고 있을 수 있습니다.

그럴지라도, 지금 이 시간에도 우리와 함께하시며 또 장래에 있을 소망에 대한 말씀으로 우리를 도우시는 하나님을 의지합시다. 고통당하는 모든 믿음의 사람이 그 한 분 하나님을 믿는 믿음으로 악과 고통이 있는 세상을 이기는 최종적인 결론에 이르기를 바랍니다.

"성령이 친히 우리의 영과 더불어 우리가 하나님의 자녀인 것을 증언하시나니 자녀이면 또한 상속자 곧 하나님의 상속자요 그리스도와 함께한 상속자니 우리가 그와 함께 영광을 받기 위하여 고난도 함께 받아야 할 것이니라 생각하건대 현재의 고난은 장차 우리에게 나타날 영광과 비교할 수 없도다 피조물이 고대하는 바는 하나님의 아들들이 나타나는 것이니 피조물이 허무한 데 굴복하는 것은 자기 뜻이 아니요 오직 굴복하게 하시는 이로 말미암음이라 그 바라는 것은 피조물도 썩어짐의 종노릇한 데서 해방되어 하나님의 자녀들의 영광의 자유에 이르는 것이니라 피조물이 다 이제까지 함께 탄식하며 함께 고통을 겪고 있는 것을 우리가 아느니라 그뿐 아니라 또한 우리 곧 성령의 처음 익은 열매를 받은 우리까지도 속으로 탄식하여 양자 될 것 곧 우리 몸의 속량을 기다리느니라 우리가 소망으로 구원을 얻었으매 보이는 소망이 소망이 아니니 보는 것을 누가 바라리요 만일 우리가 보지 못하는 것을 바라면 참음으로 기다릴지니라 이와 같이 성령도 우리의 연약함을 도우시나니 우리는 마땅히 기도할 바를 알지 못하나 오직 성령이 말할 수 없는 탄식으로 우리를 위하여 친히 간구하시느니라"(롬 8:16-26).

08

인내
악과 고통도 끊을 수 없는
하나님의 사랑

우리의 독특한 현재

우리는 죄로 인한 악과 고통이 있는 이 세상에 태어나서 살아갑니다. 그러나 앞 장에서 살펴보았듯 하나님이 그분의 백성 된 우리를 이끌어 최종적으로 이르게 하실 결론은 악과 고통이 전혀 없는 새 하늘과 새 땅입니다.

그곳에서 우리는 소극적으로 말하면 악과 고통이 없는 삶을 살게 될 것이요, 적극적으로 말하면 하나님과 복된 관계를 영원토록 풍성히 누리는 삶을 살게 될 것입니다. 거기서 하나님의 백성은 그 어떤 악의 방해 요소도 없이 하나님만으로 완전히 만족하며 그분을 기뻐하는 삶을 영원토록 누리게 될 것입니다.

이처럼 하나님의 백성은 이 세상에서 악과 고통을 경험하지만, 실상 그리스도께서 이미 이기신 고통을 겪으며 살아갑니다. 성경은 믿음으로 그리스도 안에 있는 우리에게 악과 고통이 전혀 없는 새 하늘과 새 땅으로 나아가게 될 일까지 보증되어 있음을 가르쳐 줍니다. 그리스도인으로서 우리는 그때까지만 악과 고통 가운데 살아갑니다.

우리는 우리의 이런 독특한 현재를 '이미, 그러나 아직 아니'(already, but not yet)라는 말로 표현할 수 있습니다. 이미 우리가 얻은 것이 있습니다. 우리에게는 이미 확보된 것이 있습니다. 그러나 우리가 얻은 것, 우리에게 확보된 그 상태에 아직 온전히 이르게 된 것은 아닙니다. 이미 시작되었지만, 아직 완성되지 않았습니다. 우리는 모두 이 이중 구조 사이에서 살아갑니다.

타락 이후로 모든 사람이 예외 없이 죄로 말미암은 악과 고통이 있는 현실을 살아갑니다. 하지만 우리를 구원하기 위해서 하나님의 아들이 친히 육신을 입고 이 세상에 오셔서 악과 고통의 근원인 죄를 해결하셨습니다. 구원을 이루셨습니다. 이로써 악과 고통으로부터의 구원이 죄 아래 있던 우리에게 이미 임하였습니다. 그러나 아직 구원의 완성이 우리에게 나타난 것은 아닙니다.

분명히 하나님은 예수 그리스도 안에서 죄와 사망 아래 있던 우리를 구속하기 위해 죄와 사망을 결정적으로 이기셨고, 그 은혜를 믿는 자들은 믿음으로 구원을 받았습니다. 그리스도께서 이루신 구속에 속하게 되었습니다. 하지만 우리가 믿음으로 속하게 된 그 구속의 완전한 실체는 아직 우리에게 다 나타나지 않았습니다. 우리는 아직 그것을 온전히 보지 못하고 있습니다. 이것이 성도가 경험하는 '오늘' 또는 '현재'의 위치입니다.

타락한 세상에서 그리스도와 함께 고난받는 우리

바울은 로마서 8장에서 이런 현재를 살아가는 하나님의 자녀들이 유념해야 할 중요한 사실들을 말해 줍니다. 이 마지막 장에서는 그것을 세 가지로 살펴보고자 합니다.

첫째, 우리가 사는 세상에 지속되고 있는 타락성입니다.[1]

이 세상은 악과 고통이 항상 있고 멈추지 않는 세상입니다. 앞 장에서도 이야기했듯이, 이 세상에는 악과 고통이 잠시도 멈추지 않고 어디에서든 계속되고 있습니다.

로마서 8장 18절의 "현재의 고난"이라는 말씀은 현재라는 시간 동안 우리에게 계속 있는 고난을 시사합니다. '현재'의 피조 세계는 허무와 좌절에 굴복하고 썩어짐의 종노릇하며 탄식합니다. 우리 모두가 현재의 타락성으로 인해 비탄에 빠지고 신음하는 것입니다. 신자도 예외가 아닙니다.

우리는 하나님이 처음 세상을 창조하셨을 때 보시기에 좋았던 세상에 살고 있지 않습니다. 기쁨과 평화로 가득했던 하나님의 창조 질서와 조화는 죄로 말미암아 깨어지고 파괴되었습니다. 온 세계가 죄로 인한 저주 아래서 허무를 경험합니다.

물론 하나님은 이런 조건에서도 여러 가지 좋은 은사들을 베풀어 주셔서 각자에게 허락하신 자리에서 삶을 영위하게 하십니다. 모든 사람에게 일반은총을 베푸셔서 수명이 다하기까지 재물을 모아서 사용게 하시고, 피조 세계 안에서 즐거움을 누리게도 하십니다. 그중에서도 특별히 하나님의 백성에게는 하나님 자신을 알게 하는 계시를 주시고, 또 그 말씀을 믿는 믿음을 주셔서 하나님을 신뢰하며 사는 삶 가운데 많은 지혜와 기쁨과 힘을 얻게 해주십니다.

그러나 그런 중에도 우리는 악과 고통에서 벗어나지는 못합니다. 하나님을 신뢰하고 주 예수님을 의지하며 사는 자들 역시 악에 시달리며 고통을 겪습니다. 우리가 예수 그리스도를 믿는다고 현재의 고난, 악과 고통이 계속되는 타락한 세상의 영향에서 벗어나는 것은 아닙니다. 우리가 이 세상에 사는 동안 우리에게는 '현재의 고난'이 있습니다.

악과 고통은 구속이 완성되기 전까지 지속될 것입니다. 최종적인 하나님 나라가 완성되어 도래하기 전까지 이 세상에 있을 현재의 고난은 로마서 8장 35절 이하에서 말하는 것들을 다 포함합니다. 곧 환난, 곤고, 박해, 기근, 적신, 위험 등입니다.

그리스도인들이 악과 고통이 있는 이 땅에서 겪는 어려움은 세상을 살아가는 예수님을 믿지 않는 사람들이 겪는 일들과 외형상으로는 비슷해 보일 수 있습니다. 고통을 느끼게 하는 환경이나 문젯거리들이 거의 비슷합니다.

하지만 그리스도인들이 겪는 고통에는 독특한 의미와 성격이 있습니다. 로마서 8장 17절에서 바울이 말하듯, 우리는 그리스도와 함께 고난을 받습니다. 우리는 성경이 말해 주는 이 사실을 지나치지 말아야 합니다. 우리는 악과 고통이 있는 이 세상에서 고통을 당하되, 그리스도와 함께 고통을 받습니다. 그런데 어떤 사람들은 예수님을 믿는다고 하면서도 "전생에 내가 무슨 죄를 지어서…"라는 말을 하기도 합니다. 예수님을 믿지 않는 사람들과 똑같은 수준에서 생각하는 것입니다.

우리가 타락성이 지속되는 이 세상에서 새 하늘과 새 땅을 소망하는 가운데 신자로서 받는 고통은 그리스도와 함께하는 고통입니다. 그리고 그것은 결국 그리스도와 함께하는 우리에게 영광을 이루게 하는 고통입니다(고후 4:17). 그리스도께서는 친히 육신을 입고 오셔서 타락한 세상의 악과 고통을 다 경험하셨습니다. 죄와 무관하신 하나님이 인간의 몸을 입고 오셔서 우리가 경험하는 이 세상의 처절함을 경험하셨습니다. 특히 십자가에서 세상의 악과 고통을 그 누구보다 더욱 깊이 경험하셨습니다.

성경은 우리 그리스도인들이 타락한 이 세상에서 그리스도를 믿음으로 따르며 그와 함께 받는 고난에 대해서 말합니다. 악과 고통이 있는 현재의 삶 속에서 예수님을 믿는 우리가 주님을 의지하여 그분의 뜻을 따라 살고자 하는 가운데 그리스도의 고난에 동참한다는 것입니다. 바울은 자신이 겪는 고난을 예수 그리스도의 고난과 동일시했습니다. 교회를 위한 자신의 고통을 그리스도의 남은 고난을 채우는 것으로 말했습니다.

더 나아가 바울은 교회가 그리스도의 사역을 계속 이어 가는 한, 교회 역시 그리스도의 고난을 경험한다는 것을 강조했습니다. 그리고 "무릇 그리스도 예수 안에서 경건하게 살고자 하는 자는 박해를 받으리라"(딤후 3:12)라고 말했습니다. 이처럼 우리의 고통은 예수 그리스도와 함께하는 고통으로서, 예수 그리스도의 고통과 동일시됩니다. 따라서 우리는 그분의 고난과 함께 참여하게 되는 그분의 영광 또한 우리의 영광으로 바라볼 수 있습니다.2

전자가 있기 때문에 후자도 있는 것입니다. 우리가 당하는 고통은 그리스도를 통한 하나님의 구속의 목적이 우리에게 이루어지게 하는 데 기여합니다. 이 때문에 신자의 고통을 기독론적이라고 말하기도 합니다. 우리는 우리를 위해 고난받으신 그리스도의 구속에 참여하는 자들로서 그분 안에서 이 세상의 악과 고통을 경험합니다. 그리고 그 고통을 통해 우리는 그리스도의 부활의 능력 또한 경험합니다.

이와 같은 그리스도와의 깊은 연관성 때문에 고난과 고통 속에서도 우리는 소망을 가질 수 있습니다. 우리도 분명 고통 가운데서 신음하지만, 우리의 신음은 구속의 완성을 바라보며 기대하는 가운데 갖는 신음입니다. 우리에게도 고난과 고통이 있지만, 그럼에도 우리는 꺾이지 않고 부서지지 않습니다. 오히려 그것을 통해 무언가를 이루어 나갑니다. 바울은 그러한 확신과 소망을 다음과 같이 말했습니다.

"그러므로 우리가 낙심하지 아니하노니 우리의 겉사람은 낡아지나 우리의 속사람은 날로 새로워지도다 우리가 잠시 받는 환난의 경한 것이 지극히 크고 영원한 영광의 중한 것을 우리에게 이루게 함이니 우리가 주목하는 것은 보이는 것이 아니요 보이지 않는 것이니 보이는 것은 잠깐이요 보이지 않는 것은 영원함이라 만일 땅에 있는 우리의 장막 집이 무너지면 하나님께서 지으신 집 곧 손으로 지은 것이 아니요 하늘에 있는 영원한 집이 우리에게 있는 줄 아느니라 참으로 우리가 여기 있어 탄식하며 하늘로부터 오는 우리 처소로 덧입기를 간절히 사모하노라 이렇게 입음은 우리가 벗은 자들로 발견되지 않으려 함이라 참으로 이 장막에 있는 우리가 짐진 것같이 탄식하는 것은 벗고자 함이 아니요 오히려 덧입고자 함이니 죽을 것이 생명에 삼킨 바 되게 하려 함이라 곧 이것을 우리에게 이루게 하시고 보증으로 성령을 우리에게 주신 이는 하나님이시니라"(고후 4:16-5:5).

우리는 바울이 '장막 집'으로 표현한, 결국 무너지고 썩어질 몸을 입고 살아갑니다. 이는 타락 이후 현재까지 이 세상이 죽음의 그늘 아래 있음을 말해 주는 것입니다. 우리 앞에는 예견된 죽음이 있습니다. 그러나 동시에 우리는 부활을 소망하며 삽니다. 부활을 소망하는 가운데 타락으로 인한 현재의 고난을 당하며 탄식합니다.

하나님은 악과 고통이 있는 세상에 사는 우리를 위해 소망에 관한 분명한 증거를 보이셨습니다. 곧 하나님의 아들이 성육신하셔서 고통을 겪으시고 돌아가시고 마침내 부활하신 것입니다. 이러한 증거를 통해 우리는 그리스도와 함께 당하는 고통의 결과에 대한 전망을 갖게 됩니다. 그리스도께서 앞서가신 그 길이 그리스도와 함께 고난과 고통을 당하는 우리의 장래에 대한 증거가 되는 것입니다.

그리스도 안에 있는 우리도 이 세상에서 고난을 겪지만, 결국 영광으로 나아갑니다. 그리스도께서 '이미'와 '아직 아니' 사이에 끼어 살고 있는 우리를 위한 증거가 되셨습니다. 이미 악과 고통으로부터 우리를 자유하게 하시는 구속함을 받았지만, 아직 완전한 구속의 결론에 이르지 않은 우리를 위해 친히 증거가 되셔서 우리를 격려하십니다. 악과 고통으로부터 완전히 벗어나게 될 때를 믿음과 인내로 기다리게 하십니다.

악과 고통이 있는 세상에서 성령을 소유한 자로 산다는 것

둘째, 우리는 '이미'와 '아직 아니' 사이에서 지금도 지속되는 세상의 악과 고통을 경험하지만, 우리 안에 성령님이 계십니다.[3]

하나님은 우리로 하여금 장차 악과 고통에서 완전히 자유하게 될 종말의 첫 열매를 성령의 내주하심을 통해 이미 맛보게 하셨습니다 (롬 8:23-27). 로마서 8장 23절에서 보듯, 우리 그리스도인들은 "성령의 처음 익은 열매를 받은 우리"입니다. 그리고 그런 우리를 위해 성령님이 말할 수 없는 탄식으로 친히 간구하십니다(롬 8:26).

우리는 장차 악과 고통이 전혀 없는 종말, 곧 새 하늘과 새 땅에 이를 것입니다. 그런데 우리는 악과 고통이 있는 이 세상에서부터 이미 종말의 첫 열매를 소유합니다. 하나님이 성령을 보증으로 우리에게 주셨습니다(고후 5:5). 하나님이 성령의 내주하심을 통해서 새 하늘과 새 땅에서 우리가 완전하게 누릴 하나님의 현존을 이 땅에서부터 우리에게 맛보게 하신 것입니다.

악과 고통, 사망을 경험할 때 우리 안에 일어나는 일반적인 반응은 절망과 낙심입니다. 그러나 우리가 악과 고통이 있는 이 세상에서 종말론적인 소망을 갖고 평화와 기쁨을 맛볼 수 있는 것은 하나님이 우리에게 보증으로 주신 성령 때문입니다.

우리가 그리스도인으로서 악과 고통이 있는 이 세상에서도 소망을 가지고 평안과 기쁨을 누리는 것은 단순히 어떤 종교적 환각 현상이 아닙니다. 성령님으로 말미암아 예수 그리스도께서 이루신 죄와 사망에 대한 승리를 아직 최후 상태에 이르지 않았음에도 맛보며 경험하는 것입니다.

요한계시록 14장 1-5절은 승리한 무리에 대해 말합니다. 그 말씀에서 승리한 무리가 어린양과 함께 시온산에 서 있습니다. 최종적인 승리의 자리에 서 있는 것입니다. 반면, 이 말씀을 읽는 우리는 아직 그 자리에 이르지 않았습니다. 오히려 우리는 아직 악과 고통이 있는 세상에서 이 말씀을 읽습니다. 그리고 이 말씀은 여전히 악과 고통 가운데 있는 우리에게 이미 이루어진 그리스도의 승리를 보여 줍니다.

그런데 이와 같은 말씀을 읽을 때 우리는 단순히 장래 일에 대한 정보를 얻는 데서 그치지 않습니다. 우리는 어린양과 함께 시온산에 선 그 승리한 무리의 영광이 참으로 우리의 것임을 알고 기뻐합니다. 하나님이 성령을 통해서 우리 가운데 거하시며, 이 승리를 보증하시기 때문입니다.

하나님은 과거 이스라엘 백성에게는 성막과 성전을 통해 거하셨습니다. 그리고 약 2천여 년 전에 성육신을 통하여 하나님이 직접 오셔서 우리 인간 가운데 거하셨습니다. 또한 하나님은 장래에 새 예루살렘에서 하나님의 백성과 함께 영원히 거하실 궁극적인 결론을 요한계시록에서 말씀하셨습니다. 그리고 하나님이 그분의 백성 된 우리 가운데 거하시는 그 일은 지금 성령님을 통해 이루어지고 있습니다.

특히 요한계시록에서 말하는 종말론적인 거하심은 지금 성령을 통해 우리 가운데 거하심의 연장선상에 있게 됩니다. 그 궁극적인 결론에 참여할 대상은 이 땅에서부터 성령을 통해 하나님의 임재를 경험한 자들입니다. 성령님이 이에 대한 보증이요 강력한 증거로서 우리 가운데 계시는 것입니다.

성경은 예수 그리스도를 믿는 우리를 하나님의 성전이라고 말합니다. 성령을 통해 하나님이 우리 가운데 거하신다는 것입니다(고전 3:16). 여기에서의 핵심은 우리에게 있는 하나님의 임재입니다. 우리는 자기 백성 중에 거하시는 하나님을 모신 자들입니다.

다시 말해, 하나님은 우리를 악과 고통이 없는 새 하늘과 새 땅에서 막힘없이 하나님과 교통할 새 예루살렘 백성으로 삼으셨습니다. 하나님이 성령을 통해 우리에게 하나님의 백성으로서의 정체성을 갖게 하신 것입니다. 이것이 로마서 8장 16-17절을 통해 바울이 말하는 바입니다. 성령님이 우리가 하나님 나라의 상속자인 것을 보증하시며 증언하십니다.

"성령이 친히 우리의 영과 더불어 우리가 하나님의 자녀인 것을 증언하시나니 자녀이면 또한 상속자 곧 하나님의 상속자요 그리스도와 함께한 상속자니 우리가 그와 함께 영광을 받기 위하여 고난도 함께 받아야 할 것이니라"(롬 8:16-17).

우리는 악과 고통이 있는 세상에서 우리 안에 계신 성령님으로 말미암아 이미 하나님의 자녀요, 하나님 나라의 상속자로서 살아갑니다. 양자의 영이신 성령님을 의지하여 하나님을 아빠 아버지라 부르며 기도하고(롬 8:15), 사랑, 희락, 화평, 오래 참음, 자비, 양선, 충성, 온유, 절제와 같은 성령의 열매를 갖게 됩니다(갈 5:22-23). 그뿐만 아니라 그리스도의 형상으로 변화되고(고후 3:18), 환난 중에도 즐거워하며 소망을 이루는 삶을 삽니다.

무엇보다 성령 하나님은 악과 고통 가운데서 기도하는 우리의 연약함을 도우시며, 우리 삶 속에 역사하십니다(롬 8:26). 우리는 이 세상에서 고통을 경험하지만, 우리의 고통은 그리스도와 함께하는 고통이요, 또한 성령님이 도우시는 고통입니다.

'이미'와 '아직 아니' 사이에 있는 우리에게 '이미' 이루어진 가장 놀라운 일은 성령님 자신이십니다. 성령님이 우리 가운데 오셔서 보증이 되셨습니다. 그분이 악과 고통이 있는 이 세상을 사는 우리 안에 내주하시며, 도우시며, 거룩함을 이루어 가심으로써 우리가 '장차 완성될'(아직 완성되지 않은) 구속에 '이미' 속한 자라는 것을 증거하십니다.

우리는 세상에서 악과 고통을 경험할 때 겁먹거나 탄식하거나 신음할 수 있습니다. 하지만 완전한 구속의 보증이신 성령 하나님으로 인해 그 모든 것을 지날 수 있습니다. 견딜 수 있고, 이길 수 있습니다.

물론 이것은 자동적인 일이 아닙니다. 우리는 우리의 연약함을 도우시는 성령님을 의지하며 그 길을 갑니다. 이로써 능력을 덧입고, 위로를 얻으며, 장차 하나님 나라를 상속할 하나님의 자녀로 그 길을 가는 것입니다. 이것이 우리가 악과 고통 속에서 견디며 이길 수 있는 하나의 놀라운 근거요 이유입니다.

우리에게는 이 땅에서 하루하루 경험하는 현실을 이길 수 있도록 도우시는 성령 하나님을 깨닫는 것이 중요합니다. 그러나 교회를 다니면서도 이러한 사실을 모르는 사람이 많습니다. 그저 교회를 다니는 것만으로는 충분하지 않습니다. 거듭나야 합니다. 거듭난 자에게 성령님이 함께하시기 때문입니다.

성령 하나님은 이미 우리가 새 하늘과 새 땅의 새 예루살렘 백성이 되었다는 사실을 알게 하시는 보증으로 우리 안에 거하시며, 우리 안에서 우리를 도우십니다. 우리는 악과 고통을 경험하는 중에도 성령님과 함께하며, 소망 중에 주님을 좇아야 합니다.

'이미'와 '아직 아니' 사이에 있는 기다림

마지막으로 '이미'와 '아직 아니' 사이에 있는 우리에게는 아직까지 믿음으로 인내하며 기다리는 일이 필요합니다.[4]

우리는 두 세계 사이에 살고 있는 자와 같습니다. 우리는 고통과 슬픔과 사망과 허무가 있는 지나갈 세상에서 살지만, 동시에 소망과 평화와 위로를 제공하는 성령 안에서 오는 세대에 속한 자로서의 삶을 삽니다.

우리는 이 긴장 속에서 아직은 부분적으로만 가지고 있는 무언가를 기다립니다. 성령의 내주하심 안에서 우리는 아주 부분적으로 가지고 있지만, 장차 새 하늘과 새 땅에서 온전히 누리게 될 그 완성, 악과 고통이 전혀 없는 그 상태를 바라며 기다립니다. 기다려야 합니다.

바울은 이것을 "우리 몸의 속량을 기다리느니라"(롬 8:23)라고 말했으며, "우리가 보지 못한 것을 바라면 참음으로 기다릴지니"라고도 말했습니다(롬 8:25). 또 다른 곳에서는 "우리가 보지 못하는 것을 바라면 참음으로 기다릴지니라"(갈 5:5), "우리의 시민권은 하늘에 있는지라 거기로부터 구원하는 자 곧 주 예수 그리스도를 기다리노니"(빌 3:20), "복스러운 소망과 우리의 크신 하나님 구주 예수 그리스도의 영광이 나타나심을 기다리게 하셨으니"(딛 2:13)라고 말했습니다.

이렇게 우리는 '이미'와 '아직 아니' 사이에서 소망 중에 기다립니다. 악과 고통을 보고 경험하는 가운데서, 영광스러운 구속, 악과 고통이 전혀 없는 새 하늘과 새 땅에서 하나님을 즐거워하며 영원히 영광스러운 삶을 갖는 것을 소망 중에 기다립니다.

이 소망 중 기다림은 우리가 죄와 사망으로부터 이미 건짐 받았기 때문에 갖는 것입니다. 이미 이루어진 것이 없으면 뒤의 것도 기다릴 수 없습니다. 앞의 것이 왔기에 이제 우리의 몸이 구속되어 영광스럽게 되는 날을 기다리는 것입니다.

우리의 영혼은 이미 죄 사함을 받아서 구속함을 얻었습니다. 하나님께 속하였습니다. 그러나 아직 우리의 몸은 죽을 몸이요, 썩어질 몸이요, 고통을 경험하는 몸입니다. 이제 이 썩어질 몸, 장막을 벗고 몸이 영화롭게 되어서 하나님을 영원히 즐거워할 날을 기다리고 있습니다. 장차 우리 몸도 그리스도 안에서 영광스럽게 될 것을 믿음으로 기다리고 있습니다.

많은 사람이 이 땅에서 고통을 겪을 때 고통을 유발하는 문제가 빨리 해결되기만을 바라며 문제 해결에만 골몰합니다. 신앙생활을 한다는 사람들조차 자신이 원하는 바가 관철되는 데 주안점을 두고 기도나 섬김 등에 열심을 내기도 합니다. 그러나 우리는 먼저 하나님에 대해 명확하게 알아야 합니다. 하나님은 우리의 기호나 의향에 따라 좌우되시고 움직이시는 분이 아닙니다.

우리는 하나님의 구속의 경륜 가운데 있습니다. '이미'와 '아직 아니' 사이에서 우리는 몸의 구속을 기다립니다. 그 기다림 가운데 우리는 당장 고통이 없어지는 것만 생각할 것이 아닙니다. 여전히 이 땅에서 우리는 많은 실패와 어려움과 생각하지 못한 질병 중에 있을 수 있지만, 성령의 도우심에 힘입어 하나님을 찾아야 합니다. 아빠 아버지라 부르짖어야 합니다.

우리는 앞선 선배들처럼 환난, 곤고, 박해, 기근, 적신, 위험, 칼, 사망 등을 경험하며 절규하기도 합니다. 시편 기자들처럼 '하나님이 혹 우리를 잊으신 것이 아닌가? 우리를 버리신 것이 아닌가?' 하며 하나님께 "어찌하여"라고 외치기도 합니다.

"어찌하여 나를 버리시는지, 어찌 나를 멀리하여 돕지 아니하시는지, 어찌하여 주무시는지, 어찌하여 주의 얼굴을 가리시고 우리의 고난과 압제를 잊으시는지, 어느 때까지인지, 나를 영원히 잊으시는지" 하며 하나님께 외칩니다. 우리는 '이미'와 '아직 아니' 사이에 있기 때문입니다.

그러나 우리가 이 세상에서 잠깐 경험하는 것들은 이런 질문들에 답을 주지 못합니다. 당장 병이 낫거나 병이 악화된다고 해서 그것이 궁극적인 우리의 결론이 되는 것은 아닙니다. 하나님은 궁극적으로 우리를 몸의 구속으로 데리고 가십니다. 그것을 우리에게 말씀하시며 기다리게 하십니다.

어떤 악과 고통도 우리의 기다림을 끊을 수 없는 이유

'이미'와 '아직 아니' 사이에 있는 우리에게는 기다림이 필요합니다. 절규할 수밖에 없는 땅에서 우리는 하나님을 기다려야 합니다. 악과 고통이 있는 세상에서 하나님이 우리에게 주신 말씀을 붙들고 기다려야 합니다.

"누가 우리를 그리스도의 사랑에서 끊으리요"(롬 8:35).

"내가 확신하노니 사망이나 생명이나 천사들이나 권세자들이나 현재 일이나 장래 일이나 능력이나 높음이나 깊음이나 다른 어떤 피조물이라도 우리를 우리 주 그리스도 예수 안에 있는 하나님의 사랑에서 끊을 수 없으리라"(롬 8:38-39).

우리의 기다림은 아무리 극심한 악과 고통도 끊을 수 없는 그리스도의 사랑에 속한 자의 기다림입니다. 우리는 우리 주 예수 그리스도 안에 있는 하나님의 사랑에서 아무도 끊을 수 없는 그 놀라운 상태에서 기다립니다. 절망스럽고 패배감에 젖은 기다림이 아닙니다. 확고한 근거 위에서 갖는 기다림입니다.

'이미'와 '아직 아니' 사이에 있는 악과 고통을 대면하며 사는 우리는 이것을 기억해야 합니다. 우리가 겪는 악과 고통은 이러한 확신 가운데서 기다리며 겪는 일시적인 고통입니다. 더욱 질기고 강한 것은 결국 우리를 향한 하나님의 사랑입니다. 그 누구도, 그 무엇도 끊을 수 없는 하나님의 사랑입니다. 그 사랑이, 그 사랑에 의지해 기다리는 우리를 악과 고통이 전혀 없는 새 하늘과 새 땅으로 나아가게 합니다.

악과 고통은 죄로 인해 들어왔습니다. 그렇기에 죄를 멸하신 주님의 승리로 인하여 끝나게 됩니다. 새 하늘과 새 땅에는 악과 고통이 전혀 없을 것입니다. 우리는 영광스러운 몸을 입고 그 어떤 악과 고통의 방해도 없이 하나님을 영원토록 즐거워하게 될 것입니다. 그것이 하나님이 주시는 최종적인 결론입니다. 우리는 이러한 말씀을 믿고 인내합니다. 소망을 품고 '이미'와 '아직 아니' 사이를 사는 것입니다.

타락한 이 세상에서 아무 고통 없는 삶을 기대하지 마십시오. 도리어 악과 고통을 경험할지라도, 환난과 고난과 곤고와 박해와 기근과 위험과 칼과 사망을 경험할지라도 그런 것들이 우리를 그리스도의 사랑에서 끊을 수 없다는 것을 기억하십시오.

성령님이 보증하시는 것처럼, 믿는 우리는 분명히 영광으로 나아갈 것입니다. 이것을 생각하며 이 기다림의 시간을 인내하며 믿음으로 살아갑시다. 이것이 본향을 찾는 신자의 삶입니다. 우리는 나그네이지만 비참하지 않습니다. 우리 앞에는 영광이 있습니다. 악과 고통이 전혀 없는 새 하늘과 새 땅에서의 완전한 회복이 있습니다.

죄가 없는 상태에서 하나님과의 영원한 교제가 우리의 결론입니다. 그 결론에 이르기까지 끝없이 하나님을 붙들고 갑시다. 그 어떤 악과 고통도 끊을 수 없는 그리스도의 사랑에 의지하여 이 기다림의 시간을 이깁시다.

아직 우리는 모두 악과 고통이 있는 세상 속에 살고 있지만, 놀라운 하나님의 계시의 말씀과 성령님이 우리를 도우시고 인도하심으로 우리가 함께 영광스러운 결론에 이를 수 있기를 소원합니다.

죄가 없는 상태에서
하나님과의 영원한 교제가 우리의 결론입니다.
그 결론에 이르기까지 끝없이 하나님을 붙들고 갑시다.
그 어떤 악과 고통도 끊을 수 없는
그리스도의 사랑에 의지하여
이 기다림의 시간을 이깁시다.

2장 악과 고통 중 성도의 탄식, "어찌하여"

1) 존 맥아더, 그레이스커뮤니티교회 리더십, 『세상보다 나은 기독교』 (생명의말씀사, 2010), p. 230.
2) 존 파이퍼, 『하나님은 어떻게 악을 이기셨는가』 (IVP, 2010), p. 12-17.
3) 니콜라스 월터스토프, 『나는 사랑하는 사람을 잃었습니다』 (좋은씨앗, 2014), p. 150-151.
4) 오스 기니스, 『고통 앞에 서다』 (생명의말씀사, 2008), p. 102-103, 108.
5) 같은 책, p. 116-119.
6) 같은 책, p. 127.
7) 랜디 벡튼, 『당신이 고통당할 때 함께 고통당하시는 하나님』 (나침반, 1992), p. 16-17.

3장 악과 고통 중에 겪는 시험의 본질

1) 존 M. 힉스, 『주님! 여전히 당신을 신뢰해야 합니까?』 (땅에쓰신글씨, 2009), p. 109.

4장 악과 고통 중에 있는 자를 위한 계시

1) 랜디 알콘, 『악의 문제 바로 알기』 (두란노, 2011), p. 264.
2) 니콜라스 월터스토프, 앞의 책, p. 127.
3) R. C. 스프로울, 『보이지 않는 손』 (RTS, 2011), p. 226.
4) 같은 책, p. 226.

5장 악과 고통 중 하나님이 이루시는 선

1) 같은 책, p. 231-234.
2) 랜디 알콘, 앞의 책, p. 274-275.

3) 같은 책, p. 287.
4) 같은 책, p. 42.
5) 같은 책, p. 274.
6) 같은 책, p. 312.

6장 악과 고통, 그리고 그리스도의 십자가

1) 랜디 벡튼, 앞의 책, p. 111-112 재인용.
2) 랜디 알콘, 앞의 책, p. 186-187.
3) 같은 책, p. 188 재인용.
4) 송명희, 『공평하신 하나님』(드림북, 2013), p. 30-31.
5) 랜디 알콘, 앞의 책, p. 12.

7장 악과 고통에 대한 하나님의 결론, 새 하늘과 새 땅

1) 알리스터 맥그래스, 『고난이 묻다, 신학이 답하다』(국제제자훈련원, 2010), p. 70-71.

8장 '이미와 아직 아니(already but not yet)' 사이에 있는 우리

1) 존 M. 힉스, 앞의 책, p. 336-340.
2) "자녀이면 또한 상속자 곧 하나님의 상속자요 그리스도와 함께 한 상속자니 우리가 그와 함께 영광을 받기 위하여 고난도 함께 받아야 할 것이니라"(롬 8:17).
3) 존 M. 힉스, 앞의 책, p. 340-345.
4) 존 M. 힉스, 앞의 책, p. 345-350.

사명선언문

너희가 흠이 없고 순전하여……세상에서 그들 가운데 빛들로
나타내며 생명의 말씀을 밝혀 _ 빌 2:15-16

1. 생명을 담겠습니다
만드는 책에 주님 주신 생명을 담겠습니다.
그 책으로 복음을 선포하겠습니다.

2. 말씀을 밝히겠습니다
생명의 근본은 말씀입니다.
말씀을 밝혀 성도와 교회의 성장을 돕겠습니다.

3. 빛이 되겠습니다
시대와 영혼의 어두움을 밝혀 주님 앞으로 이끄는
빛이 되는 책을 만들겠습니다.

4. 순전히 행하겠습니다
책을 만들고 전하는 일과 경영하는 일에 부끄러움이 없는
정직함으로 행하겠습니다.

5. 끝까지 전파하겠습니다
모든 사람에게, 땅 끝까지, 주님 오시는 그날까지
복음을 전하는 사명을 다하겠습니다.

서점 안내

광화문점　서울시 종로구 새문안로 69 구세군회관 1층
　　　　　　02)737-2288 / 02)737-4623(F)

강남점　　서울시 서초구 신반포로 177 반포쇼핑타운 3동 2층
　　　　　　02)595-1211 / 02)595-3549(F)

구로점　　서울시 동작구 시흥대로 602, 3층 302호
　　　　　　02)858-8744 / 02)838-0653(F)

노원점　　서울시 노원구 동일로 1366 삼봉빌딩 지하 1층
　　　　　　02)938-7979 / 02)3391-6169(F)

일산점　　경기도 고양시 일산서구 중앙로 1391 레이크타운 지하 1층
　　　　　　031)916-8787 / 031)916-8788(F)

의정부점　경기도 의정부시 청사로47번길 12 성산타워 3층
　　　　　　031)845-0600 / 031)852-6930(F)

인터넷서점　www.lifebook.co.kr